哲學大師的倫理學邀請：過更好的生活

對與錯的人生邏輯課

Ética para Amador

費南多・薩巴特——著　于施洋——譯

Fernando Savater

漫遊者

目次

給讀者的忠告

這本書不是為中學生而寫的倫理學手冊，它與顯赫的作家無關，也無意列舉陳述歷史上道德理論的重要流派演變。我並不想向我的讀者朋友們灌輸什麼。

這也不是一本道德問題的診治寶典，它無法一一解答我們每個人在日常生活和閱讀觀察中所遇到的各種疑惑，諸如是否應當避孕、是否應該墮胎，或者是否應該實行義務兵役。倫理學可以引發思考，但它的作用並不在於平息爭論。

應當在中學教育中觸及倫理學嗎？答案是肯定的。我絕不希望這樣一門課程，只是作為宗教訓導的附屬而存在。可憐的倫理學來到這個世界上，並不是為了支持或替代教義問答，至少不是在二十世紀的今天。但我也不能確定，是否應該繞開關於自由的一些基本思考，或是迴避它與其他相關科目交叉而產生的道義和責任。對道德進行反思，並非專屬於哲學進修者，而是任何一種高等教育的基本理念。

它就是這樣一本小書，極具個人化、主觀性，就像一位父親與他的兒子之間的一場對話，但它也正是因為如此而更具普及性，可以視為所有父子之間進行的一場再親切不過、也是再尋常不過的對話。這本書的醞釀和寫作，都是以未成年讀者為對象。也許在老師們看來，會覺得這本書並沒有太大用處，但我在寫作過程中，始終秉承著這樣一個目的：激勵培養「自由思想者」而非製造「好的思想者」，當然更不是「壞的思想者」。

一九九一年一月二十六日，寫於馬德里

前言

阿瑪多，我常常有好多話想說給你聽，但我始終都一忍再忍，告訴自己要保持冷靜，因為作為你的父親，我已經給你帶來了很多困擾，更別提我還時常會仗著哲學家的身份給你火上加油（我猜你有時肯定會在心底抱怨：我怎麼會遇上你這個哲學家爸爸！）。我明白，孩子們的耐心是有限度的，而且我也不想遇到我的一個加利西亞❶朋友這樣的經歷：有一天，他跟他五歲的小兒子，安靜地坐在岸邊看海。突然，流著鼻涕的小傢伙滿懷夢想地說：「爸爸，我想跟你和媽媽一起出海，開條小船在海上散步。」我這位多情善感的朋友心裡一動，領結上方的喉嚨，像被什麼東西堵住了似的。他哽咽道：「沒問題，兒子，你想去我們就去！」「到了深海，」可愛的小傢伙望著遠處的大海，繼續他的幻想，「我就把你們兩個扔進水裡淹死。」剛才還被感動得險些稀里嘩啦的父親，心裡一陣劇痛：「哎，兒子，你怎麼會這麼想——」「當然啦，爸爸，你不覺得你跟媽媽給我『餵了太多罐頭』❷嗎？」這是我的第一個教訓。

如果一個五歲的小孩子都能想到這一點，我猜，像你這樣十五歲的小夥子，在這方面的體會就更深刻了，所以我可不想幹什麼傻事，逼著你去弒父，就像有些在外人眼裡看上去顯得異常和諧的家庭裡發生的那樣。另一方面，我從來都很討厭父母們試圖「做兒女們最好的朋友」，孩子與他同齡的夥伴交朋友，是天經地義的事，跟父母、老師和別的成年人在一起，頂多也就是相處愉快，其實能做到這一點已經很不錯了；而且就是相處再好，有時也難免會產生想淹死他的衝動，除此之外，沒有別的關係。如果我十五歲——可惜這樣美好的時光倒流，除了小說中，從來沒有發生過——我不會信任那些對我「親切」得過分的大人、任何希望比我還年輕的人、那些用各種大道理來教訓我的人。你能想像那些總是嚷著「你們年輕人真好」、「我覺得跟你們一樣年輕」的人的樣子，可要小心他們，像這樣的甜言蜜語，一定別有用心！一位父親或老師，要麼做大事，要麼就什麼都別做，年輕是你們的，是年輕人的，已經年輕過的人還是少來摻和為好。

所以，我只好把時常想到的、但又不知如何或是不敢跟你說的事情寫下來。如果兒子滿心歡喜地衝到電視機前，去享受屬於他的「自由時間」，想在這個時候給他製造哲學麻煩的爸爸，就理應看到一張拉長的臉（你肯定會埋怨：什麼爸爸，讓人好好看會兒電視都不讓！）。但一本書就不同了，不僅可以想看就看，而且拿起放下也不用有任何尊敬的表示：你可以打著呵欠嘩啦嘩啦一頁頁地翻過，可以喜笑顏開，可以痛苦不堪，還可以面無表情……一句話，你可以一切自由。由於我要跟你說的東西，正好大部分都有關自由，所以比起說教，閱讀更為合適。不過，你至少還是應該給我點面子，拿出一點點注意力（有你學玩新電腦遊戲的一半就夠了）和一些耐心，尤其是在讀前幾章。我明白，這些東西對你來說確實難了點，但我不想讓你省下一步一步努力思考的過程，也不想當你是個小笨蛋——我從來都認為：如果把對方當成笨蛋來對待的話，即使他本來不是，很快也會是了，不知道你同不同意。

我想跟你談什麼？我的生活，你的生活，僅此而已。或者說，我做的事和你正開始做的事。關於前者，正好可以回答很多年前你突然丟給我的一個問題——也許你這會兒根本已經不記得了——當時我沒有回應。那時候你大概只有六歲，我們正在托雷洛東內斯❸避暑。一天下午，我正把自己關在房間裡，無聊地敲著電腦鍵盤，面前照片上，一條大鯨魚擺著尾巴，悠然地遊弋在藍色的大海上。耳邊不時傳來你和你的幾個表兄弟在游泳池裡戲水玩耍、在花園裡跑來跑去的聲音。請原諒我的裝腔作勢，汗水和傻笑讓我覺得膩煩（也許是歲月荏苒世事消磨，那時的我，已經不再覺得像你們那樣在太陽底下跑得汗流浹背、笑得前仰後合有什麼好樂的）。突然，你跑到我打開的窗前，對我喊了一句：「嗨，你在**做**什麼？」我只是隨口應承了一件事，因為，要我怎麼跟你解釋我正在寫一本**倫理學**的書？你不會對倫理是什麼東西感興趣，也沒打算留給我三分鐘時間講給你聽。也許你只是想告訴我你在那裡，可我怎麼會忘了呢——不管那時或是現在，你永遠都是我最親的寶貝，永遠都會在我心中佔有無人可以替代的位置！然後遠處不知誰喊了你一聲，你就掉頭跑開了，我只好在心裡想著你，手上繼續「做」著——直到十年後的今天，我才終於決定給你一個真正的答案——這奇怪的東西，倫理學，至今我仍埋頭其中。

幾年之後，還是在我們的小天堂托雷洛東內斯，你跟我說了一個你做過的夢——難道這件事你都不記得了嗎？在一片漆黑的原野，好像是深夜，天空中颳著可怕的大風；你緊緊抓住樹和石頭，但颶風還是把你捲走了，就像對待《綠野仙蹤》❹裡的那個小女孩一樣。當你在風裡瑟瑟發抖、即將被吹到陌生的地方時，突然聽見我的聲音（「雖然看不見，但我知道一**定是你**」，你說這句話時，特別認真地望著我的眼睛，帶著一臉嚴肅的樣子）在你頭頂上方反覆回盪：「要有信心！要有信心！」你想像不出你所做的這個奇怪的噩夢，對我來說是一個多麼珍貴的禮物——那個下午，當你說我的聲音給你鼓勵的時候，哪怕可以活上一千年，也抵不過我心中的那份自豪。好了，我在接下來的書頁中告訴你的一切，都將不過是一遍遍地重複這句忠告：**要有信心**。當然不是對我，也不是對任何聖人（哪怕是真正的智者）；不是對市長、神父、員警，也不是對上帝或魔鬼；不是對機器，也不是對旗幟——**要相信有一種智慧能使你活得比現在更好，要相信有一種本能能使你贏得愛的幸福陪伴**。你也知道，這不是一本懸疑小說，得要讀到最後一頁才能揭曉誰是兇手，我迫不及待地在序言裡就指給你看最後一課，在某種意義上，也是人生最重要的一課。

也許你會懷疑我想「吃你的頭」❺，因為你大有不會迷失方向的聰明才智。也許吧，食人部落敲開敵人的頭蓋骨吃掉他們的大腦，試圖藉此佔有對方的智慧、神話和勇氣，所以，我藉這本書把我的頭送給你吃，同時也小小享用一點你的。不知道你會不會從中收穫很多，可能不愛讀書的小王子，只會在前人留下的經驗教訓中淺嘗幾口，但在我，卻是非常希望能夠狠狠咬住你多餘的財富——這尚未啟封的青春。願它使我們倆都能從中受益。

注釋：

1 **加利西亞（Galicia）** 西班牙自治區及歷史區域，包括盧戈（Lugo）、拉科魯尼亞（La Coruña）、蓬特韋德拉（Pontevedra）及奧倫塞（Orense）四省，位於西班牙西北部。

2 **罐頭** 西班牙語中比喻不考慮對方情況、不顧及對方意願，對其生硬說教，填塞許多東西。類似中文俗語中的「填鴨式」教育。

3 **托雷洛東內斯（Torrelodones）** 馬德里東北部避暑勝地，距首都約三十公里。

4 **《綠野仙蹤》** 美國童話之父法蘭克・鮑姆（Frank Baum，一八五六至一九一九）的成名之作。書中講述一個名叫桃樂斯的可愛小姑娘和她的小狗托托被一陣龍捲風颳到了一個陌生而神奇的國度，並迷失了回家的路。在那裡，她陸續結識了沒腦子的稻草人、沒愛心的鐵皮人和膽小的獅子，他們為了實現各自的心願，互相幫助，攜手合作，歷盡艱險，遇到許多稀奇古怪的事情。最終，他們憑藉自己的智慧和毅力，如願以償完成各自的心願，而桃樂斯和托托也終於回到了自己的家。

5 **吃你的頭（comerse uno el coco）** 西班牙語中意為「把事情複雜化，兜圈子」，在此作者直接用其字面意思大談「吃頭」。

chapter

1

倫理學的起源

我們無法自由選擇發生在我們身上的事，但我們可以用各種方式來面對這些發生的事，做出自由的回應。

好好把握我們所做的，努力掌握一些不致做錯事的生活智慧。這種「知道如何生活」，就是我們通常所說的「倫理學」。

有些科學研究，只是出於瞭解新事物的興趣；另有一些，是想掌握製作或使用某物的技能；總的來看，大部分都是為了得到一個工作職位並賴以謀生——如果我們感覺不到鑽研這些東西的好奇和必要，大可將其忽略不計。很多知識都非常有趣，但要是沒有它們，人們一樣能過得輕鬆愉快。就拿我來說，既不懂天體物理學，也沒有做細木工活的手藝——對很多人來說，它們能帶來多麼大的滿足呀——可這並不妨礙我活到今天。而你，如果我沒弄錯的話，足球踢得滴溜滴溜地轉，卻對棒球一竅不通，但這又有什麼大不了的呢？你照樣開開心心地看著世界盃、美洲盃和各式各樣的這盃那盃。

所以我想說，有些東西可以學也可以不學，只是願不願意去學的問題。由於沒有人可以掌握一切（更不用說懂得一切），我們只能謙遜地做出選擇，正視自身的懵懂無知。不懂天體物理、不懂木工、不懂足球，甚至不會讀書寫字，仍然可以生存，儘管生活狀況可能會糟糕些，可就像我們常說的那樣，地球照樣轉，太陽照常升起。不過，我們也必須明白一些道理，比如從六樓陽臺跳下去，對身體可不是件什麼好事；喝氫化物和吞釘子（冒犯遵從苦行主義❶的苦行僧們了！）也不能讓人長生不老；或者如果每次碰見鄰居都拳腳相加或怒目相向，不僅自己感覺不好，早晚也會引發事端。類似這些事情，乍看之下似乎是些雞毛蒜皮的小事，無足輕重，其實非常重要。活著可以有很多種方式，但有些方式卻讓人不能好好地活，說得嚴重點就是沒法活下去。

總之，在所有的智慧當中，至少有一種是必然不可少的，那就是判定哪些事適合做，哪些事不適合做。這裡所說的事，包括食物、行為、態度在內。當然，我所說的「適合」，是建立在想要繼續活下去的基礎上，如果一個人巴不得早點離開這個世界，那他的確可以喝些強鹼，或者到處惹是生非，替自己樹立死敵。這裡，我們把自殺的趣味尊重地放在一邊，先假設大家都願意繼續活著。這樣，我們就可以把適合這一目的的事物稱為「好」（因為我們感覺

「好」），而把所有讓人感覺不好的事物稱為「壞」。弄明白什麼是適於我們的，也就是分辨好壞，正是我們所有人都在試圖尋求的能力——不管需要付出什麼樣的代價。

如何分辨「好」或「壞」？

就像我前面提到的，有些東西對身體有好處，有些東西對身體就沒有好處，所以必須掌握什麼應該吃、什麼不應該吃。或者說，我們要明白，火可以用來取暖，也可能燒死人；水可以解渴，也會把人淹死。但有些時候，事情並沒這麼簡單。比如某些藥物能夠提神醒腦、製造快感，但若持續濫用，就會讓人上癮中毒，難以自拔。它們在**某些方面某些情況下**是「好」的，但在另一些時候就是「壞」的。也可以說：它們既適合我們，也不適合我們。這種界限模糊的情況，在人際關係中更容易發生。一般來說，撒謊是「壞」的，因為它破壞了語言中的信任——我們活在社會之中必須說話——使人變得敵對不和；但有時它也可能帶來一定的好處，甚至是給人幫助，比如對無法治癒的癌症患者，是要告訴他們真實的病況呢，還是讓他們在謊言的撫慰下無憂無慮地度過人生最後的時光？撒謊固然不好，這時卻也能辦成好事。再比如，跟人吵架一般而言也是不合適的，但我們能拿明哲保身當藉口，容忍一位少女在我們眼皮底下受到凌辱嗎？另一方面，對於總是說真話的人，不管是誰，大家往往會對他抱有一點戒備之心；或是認為，插手印第安那．瓊斯❷計畫的人，何不如待在家裡吹吹口哨悠閒自在，幹嘛弄得頭破血流，何苦來哉。總之，好可能是壞，壞可能是好——人世間的事，從來也沒個準。

但是關於生存的問題就不這麼簡單了。因為在「該做什麼」這一點上，有很多相對的準則。在數學和地理學上，我們可以區分有知者和無知者，因為我們有一個基本的評判標準；但生存問題則正好相反——沒有統一意見。如果一個人想過充滿刺激的生活，他可以去開F1賽車或是爬阿爾卑斯山；如果他想過安靜穩定的生活，那就只能從街角的錄影帶出租店裡去尋求刺激。有些人說，最高尚的是為別人而活；但也有人說，最好是讓別人都為自己而活。有些人認為賺錢才是正道，也有人對要用犧牲健康、閒暇、真愛、寧靜換來的鈔票不屑一顧。受人尊敬的醫生們一再指出，遠離煙酒才能長壽，可是酒鬼煙鬼們則堅持反駁說，沒有這些，他們的日子才是漫長難耐……諸如此類的事例，還可以舉出許多許多。

我們唯一能夠達成一致的觀點就是：我們不能在所有觀點上達成一致。值得注意的是，這些不同的意見又有一個共同點：每個人的生活，至少在**部分程度**上是他自己想要的那種樣子。如果日子全然底定、無比糟糕而且無法調整，那麼這些爭論也就沒有意義可言。沒有人會去討論石頭該向上還是向下掉——肯定是向下，這是不容置疑的事實。海狸在河灣裡捕食，黃蜂搭建六角形的蜂巢，沒有人見過海狸去築蜂巢，也沒有人見過黃蜂去水裡捕食。在其生存環境下，每種動物似乎都清楚地知道，什麼對自己好、什麼對自己不好，牠們不會有任何疑問或任何遲疑。在大自然中，沒有哪種動物從本質上來說是「好」或「壞」的，也許蒼蠅會覺得布下陷阱想吃自己的蜘蛛很壞，但蜘蛛又有什麼辦法呢……

這裡我要跟你講一個慘烈的故事。你知道白蟻吧？在非洲，牠們常常會建起幾米高、硬得像石頭一樣的蟻巢，遠遠看上去顯得特別壯觀。由於沒有其他昆蟲用以防身的硬殼，身體柔軟的白蟻就把蟻巢當作共同盔甲，抵擋其他敵對的強壯蟻群。但有時因為洪水氾濫或是大象的出現（大象喜歡在蟻巢上磨牙，這有什麼辦法），蟻巢就會倒塌。一旦出現這種情況，工蟻就會馬上出動，迅速重建牠們被毀壞的堡壘。如果有龐大的敵對蟻群發動攻擊，兵蟻們也會全部出動誓死抵抗。由於體型和武器都無力抗衡——進攻者會用牠們強而有力的顎橫掃一切，兵蟻們只能靠掛在敵人身上來阻止其前進的腳步。反應迅速的工蟻重新築巢並將之關閉，但是這樣一來，也把英勇的兵蟻給隔絕在門外了。這些小可憐，犧牲自己的生命來捍衛同伴的安全，難道牠們不配至少得到一枚獎章嗎？難道不該公正地稱讚牠們一聲勇敢嗎？

唯人才有自由的意志去選擇

讓我們換個場景來繼續這個話題。在《伊里亞德》❸裡，荷馬講述了赫克托的故事。儘管這位特洛伊城最驍勇的戰將心裡明白，暴跳如雷的亞該亞第一勇士阿基里斯比他強壯得多，並且很有可能會殺掉自己，但他仍然站在城牆上，堅定地等待阿基里斯的到來。他這樣做是為了履行自己的義務，將家人和臣民置於自己的保護之下。沒有人懷疑赫克托是位大英雄，一位真正的勇士，但他的英勇，跟兵蟻們相比，難道不是同樣的方式嗎？可是牠們已經演過並且還將繼續上演千百萬次的事蹟，卻從來沒有一個荷馬加以吟唱。難道赫克托所做的跟無名小蟻不是完全一樣的嗎？為什麼我們會覺得他的行為比蟲蟲們的更加真誠而**艱鉅**？這兩種情況到底有什麼不同呢？

很簡單，區別在於：兵蟻們**必須**去戰鬥、去負傷死亡，在這中間，沒有折衷的做法（就像蜘蛛必須吃掉蒼蠅一樣）；而赫克托迎戰阿基里斯，卻是出於**自願**。兵蟻不能開溜、叛逃，不能起義、拒戰，也不能讓「別蟻」代替自己出征——大自然已經**設定**好牠們必須完成這項英勇的使命——赫克托則不同，他可以托詞身體不適，可以假稱精神不濟，也許臣民們會認為他懦弱、無恥，或是問他想到了什麼別的迎敵計畫，但毫無疑問的是，他可以拒絕做一個英雄。不管大家對他施加多麼大的壓力，他總是可以找到這樣或那樣的藉口，逃避自身的責任。他並非生下來就被「**設定**」成為英雄，沒有人會天生如此，正是這一點，才突顯出他的行為的光輝所在；而也正因如此，荷馬才會用史詩般的熱情為他到處傳唱；同時，我們也因為這種自由意志的選擇，而把他跟白蟻區分開來，對他刮目相看。

經過抽絲剝繭，我們終於抵達這團亂麻的中心——**自由**。動物（現在我們不討論礦物和植物）沒有辦法擺脫大自然為牠們設定的命運，而自主選擇成為什麼、該做什麼，牠們不能逃避，也不必受到嘉獎，**因為牠們並不知道如何用另一種方式去履行職責**。這種被動的命運，無疑為牠們節省了很多傷腦筋的時間。當然，在某種程度上，我們人類也是被大自然設定好的，我們注定要喝水而不是強鹼、無論多麼憂心忡忡終究難逃一死。另外一方面，「文化」雖然顯得不是那麼專橫，但也同樣具有決定性：思想被語言給定的形式所限制（一種從外部強加於我們的語言，而非我們個人的創造），我們都是在某種傳統、習俗、行為習慣、傳說中被教育長大，也就是說，我們從搖籃中便開始被灌輸遵從一些「**忠誠**」而非另一些；所有的教導都很沉重，同時也讓我們的所作所為變得可以預知。例如赫克托，我們剛剛談論的那位王子，他的「天然程式」使他感覺到保護、隱蔽、合作的需要，這是在他的特洛伊城中多少可以得到的利益，同樣也可以理解，他對始終陪伴自己的妻子和小兒子的無限柔情，是出於血肉相連的紐帶關係。從文化上來看，他自覺是特洛伊城的一分子，與大家有著同樣的語言、習慣、傳統。此外，他從小接受的教育是做一位捍衛自己城邦的勇者，並被告知懦弱是可恥的，不是好漢所為。如果背叛了他的臣民，赫克托知道自己將會受到眾人的鄙視，遭到這樣或那樣的懲罰。所以說，他的行為同樣可以被認為是設定的，難道不是嗎？但是……

但是，赫克托完全可以說：讓一切都見鬼去吧！他可以化裝成女人連夜逃出特洛伊城，或者裝病裝瘋來避開戰鬥，或是跪在阿基里斯面前俯首稱臣、領著他從守城最弱的地方突圍，甚至他還可以喝個爛醉不省人事，或是創立一個「避免爭鬥，有人打你右臉，就把左臉也轉過來給他打」的宗教……也許你會反駁我說：從赫克托和他所受的教育來看，你說的這些行為都太**離譜**了。但你必須承認，與讓海狸建蜂巢、讓兵蟻開小差逃跑等等絕對不可能出現的事相比，我所說的這些，並不是完全**非現實**的假設。與動物或其他自然物不同，**在**

人身上，沒有絕對的肯定和否定，恰恰相反，不管有多麼強大的生理和文化程式，人類總是可以做出程式之外的事（至少不會**全部**遵守）。我們可以說「行」或「不行」，既可以是出自真心實意，也可以是虛與委蛇。不管我們置身何種艱難的處境，總是會有好幾條路可走，而非只有一條**死胡同**。

自由的真意

我跟你所說的「**自由**」，指的是自由本身，它把我們與白蟻和潮汐、與所有被必然性驅使的東西，區別開來。我們確實無法「**做一切想做的事**」，但同樣可以肯定的是，我們也沒被強制「只能做一件想做的事」。這裡，我最好還是對自由做出兩點說明：

第一，**我們無法自由選擇發生在我們身上的事**（生在某一天、擁有這樣的父母和國籍、患上癌症、被汽車撞上、長相美醜、亞該亞人攻打我們的城市等等），但我們可以**用各種方式來面對這些發生的事**，**做出自由的回應**（服從、反抗、謹慎、魯莽、記仇、溫馴、穿著入時、打扮成山洞裡的熊、保護特洛伊城或逃亡等等）。

第二，擁有**追求**一個目標的自由，並不意味著絕對可以**達成**。自由（建立在可能性中的選擇）不等於萬能（總是得到想要的東西，即使看來不可能）。所以，行動的**能力**越強，從自由中所能獲取的結果就會越好。想攀登喜馬拉雅山是我的自由，但是考慮到我可憐的身體條件和登山裝備，實際上我這個願望永遠也不可能實現。相反的，看不看書也是我的自由，但由於我從小就學習識字閱讀，只要想看，文字對我並非什麼難事。有些事取決於我的意志（這就是自由），但不是一**切**都取決於我的意志（真要那樣就萬能了），因為世界上還有很多其他的意志、需求不在我的掌控之中。如果我連自己和身處的世界都不瞭解，我的自由肯定會一次次與「必要」發生**衝突**。但重要的是，我不會因此而不自由，哪怕受到傷害，也是我自願的結果。

在現實生活中，有很多力量都在**限制**著我們的自由：地震、疾病、暴君等等，不一而足。但我們的自由也會形成一股力量——**我們的**力量。不過，在交談中可以發現，大部分人對限制的意識，遠甚於對自由本身。他們往往會說：「自由？你跟我說什麼自由？電視整天都在試圖控制我們的大腦，統治者欺騙人民、操縱政策，恐怖份子不斷施加威脅，毒品誘人成為它的俘虜，而我想要一輛摩托車都沒錢去買，哪裡有什麼自由？」你稍加留意就會發現，說這種話的人看似在抱怨，其實他們只是滿足於知道自己並不自由，他們心裡想的是：「哎呀，因為不自由嘛，所以發生這些事情都不是我們自己的**錯**。」但我敢肯定，沒有人——沒有**任何人**——會真的相信他不自由，會真的相信他會像鐘錶或是白蟻那樣，機械一般毫不反抗地運轉。一個人可能會覺得，在某種情況下，自由選擇某件事很**困難**（比如衝進火海救出一個小孩，或是跟暴君分庭抗禮），但與其這樣說，還不如說他們具備了某種自由，即承認自己可以自由地選擇比較容易做到的事（比如等消防隊員抵達、或是討好地去舔踩在他們脖子上的皮靴），只是他們會在肚子裡固執地嘟噥：「如果你非要這麼說……」

如果有人堅持否認人類是自由的，我建議你用一個羅馬哲學家用過的方法來考驗他。很久以前，一位羅馬哲學家跟他的一位朋友辯論。後者聲稱人類不自由，只能做該做的事，於是哲學家就拿起手杖，用盡全力敲打對方。「快住手，夠了，別再打我了！」他的那位朋友對他喊道。但他並不停手，而是繼續問：「你不是說我不自由、我所做的無法避免嗎？那就別白費口舌要我停下來，我是自動的。」一直到那位朋友承認他可以自由地選擇停止毆打，他才終於放下棍子。這是個好例子，但不到萬不得已可千萬別用，而且一定要確保你那位朋友不會武術……

總之，與其他無論有生命或無生命的物體不同，人類可以部分**發明**和**選擇**我們的生活方式，選擇我們覺得好的——也就是從不適合中挑出適合的。而也正因這樣，我們才可能會**犯錯**，這是在海狸、黃蜂、白蟻身上從來不會發生的。所以，最慎重也是最可取的辦法，就是好好把握我們所做的，努力掌握一些不致做錯事的生活智慧。這種「知道如何生活」，也許你更願意稱它「**生活的藝術**」，就是我們通常所說的「**倫理學**」，如果你有耐心，我們接下來就繼續談論這個話題。

當然，我也可以放下我這凸肚的盾牌和沉重的頭盔，把我的槍倚在城牆上，由我自作主張地向阿基里斯王子提出講和的條件。我可以答應他。把海倫和她所有的財產，乃至當初帕里斯種下這次戰爭的禍根時，他用那些戰船載回特洛伊來的一切東西，悉數都交還給米奈勞斯和阿伽門農兩兄弟。此外，我還可以承諾把我們所有的其餘財物都跟敵人均分，然後再去勸告我的人民，要他們都到大會上來宣誓，什麼東西都不敢隱匿，情願把我們這個可愛城市的一切財產拿出來對半均分。可是我為什麼要想到這一條路上去呢？

——荷馬，《伊里亞德》

自由不是一套哲學，更不是一個想法，而是我們良知的一種運動，它會發出兩個單音節詞：「是」、「否」。它們即興的簡潔，像閃電的光芒，刻畫出人性的矛盾。

——**帕茲❹，《另一種聲音》**（*La Otra Voz*）

人類不能只是重複族群的規則過活，而是他自己——每一個個體——該有個像樣的活法。人類是唯一會感到厭煩、生氣的動物，是唯一感到被逐出了天堂的生靈。

——**佛洛姆❺，《心理分析與倫理學》**（*Psychoanalysis and Ethics*）

注釋：

1 **苦行主義**　宗教上為了實現精神上的理想或目的，而克制自己肉體或心理欲望。有些教派實行的儀式，還故意造成心理和肉體的緊張和痛苦狀態，包括自我傷害、閹割和鞭打等。

2 **印第安那·瓊斯**　由史蒂芬·史匹柏與喬治·盧卡斯合作拍攝的暢銷冒險電影系列《法櫃奇兵》男主角名。

3 **《伊里亞德》**（*Iliad*）　為古希臘詩人荷馬（Homer）的敘事史詩，內容描述特洛伊戰爭的第十年（也是最後一年）中幾個星期的活動。

特洛伊戰爭起因於特洛伊王子帕里斯（Paris）在訪問斯巴達時，誘拐了世上最美麗的女人、斯巴達的皇后海倫，把她帶到特洛伊。帕里斯的行動激怒了斯巴達國王米奈勞斯（Menelaos），他向兄長邁錫尼之王阿伽門農（Agamemnon）求援，並聯合希臘各城邦向特洛伊宣戰。

特洛伊王子赫克托（Hector）為特洛伊第一勇士，被稱為「特洛伊的城牆」。勇武過人，且為人正直品格高尚，是古希臘傳說和文學中的英雄形象。在《伊里亞德》中，一開始他反對為了弟弟帕里斯的私事而挑起與希臘軍隊的戰事，但是戰爭發生後，他義無反顧的率領特洛伊人與希臘的大軍作戰。亞該亞（Achaean，《伊里亞德》中對希臘聯軍的稱謂）第一勇士阿基里斯（Achilles）由於與統帥阿伽門農的個人恩怨而對戰事袖手旁觀。希臘軍中無人能敵赫克托，屢戰屢敗。此後，阿基里斯的摯友派羅克魯斯（Patroclus）穿上阿基里斯的盔甲代替阿基里斯出戰，被赫克托殺死。阿基里斯勃然大怒，重新參戰，大敗特洛伊軍，並指名要與赫克托決鬥。赫克托為了名譽，單獨出城和阿基里斯決一死戰，在決鬥中被阿基里斯殺死，他的屍體也被阿基里斯拖在戰車後面繞城洩憤，不讓特洛伊人安葬。赫克托的父親、特洛伊的老王普里爾蒙（Priamus）冒險出城親自拜訪阿基里斯，才說服他送還赫克托的屍體。《伊里亞德》以赫克托的葬禮和對他的悼念作結束。

4 **帕茲（Octavio Paz，一九一四至一九九八）** 二十世紀具有世界性影響的墨西哥偉大詩人、作家，一九九〇年獲頒諾貝爾文學獎。他曾向西班牙語世界翻譯、介紹過王維、李白、杜甫等中國古代詩歌大師的作品。

5 **佛洛姆**（**Erich Fromm**，**一九〇〇至一九八〇**）　德國出生的美國心理學家、社會哲學家，探索了心理學和社會之間的交互作用，認為精神分析的原則應用於社會痼疾的治療，人類便能設計出一個心理平衡的「健全社會」。

chapter

2

命令、習慣與任性

我們可以說他是自由的，因為他確確實實在自己不想遭逢的形勢下有自由選擇的權力。

為什麼你會做出這些行動？為什麼你做的是這個行動而不是相反的一種或其他任何一種？

我先簡單提醒你一下我們說到哪兒了。很清楚，有些事物適合我們生存，有些就不適合，但哪些有利於我們，並非總是那麼清楚。不過，哪怕無法選擇發生在我們身上的事，我們至少可以選擇如何去應對。不用謙遜，我們的例子更接近於赫克托，而不是值得表彰的白蟻。當我們做一件事情的時候，我們是**寧願**做「它」而不是別的，或者也可說是在「不做它」之前選擇了「做它」。你可能會問：這麼說，我們總是在做我們想做的事囉？當然了，事情也不完全是這樣。有時因為形勢所迫，我們必須在沒有更多選擇的兩者之間決定一個。沒辦法，一旦被逼上絕路就必須這麼做，儘管我們更希望選都不用選。

是被迫？還是自由的選擇？

亞里斯多德❶是最早考慮這個問題的哲學家之一，他曾設想過這樣一個例子：一艘船載著一批重要的貨物，從一個港口駛向另一個港口。在航行中，海上突然颳起了猛烈的風暴，解救船隻和水手的唯一辦法，就是把貨物扔下海，因為它雖然重要卻也很重。船長提出一個問題：「我應該放棄貨物？還是冒險把它存放在艙底，捱到風暴過去或抵達港口？」當然，如果把貨物扔下海，那是因為他**相對寧願**這樣也不願甘冒風險，但絕不等於他**願意**捨棄它們。事實上，他**想要**的是把船連同貨物和水手們一起送達目的地，這是最「適合」他的。可是，在這樣惡劣的天氣條件下，他更應該保住自己和船員的命，而不管貨物有多重要。唉，真希望沒遇上這該死的風暴！問題是，「落在他身上」的風暴，是無法選擇的，這是強加的、發生在他身上的，不會因為他的意志而改變。他能選擇的，只有面對威脅時可以採取的行動。如果把貨物扔出船舷，那就是他「願意」這樣，儘管其實他並不「願意」。他想活下去、他想自救、他想救依賴著他的人、他還想救一整艘船，但又不想放棄貨物和這船貨物將會為他帶來的利潤。總歸一句話：他既心有不甘，卻又無可奈何。他肯定不希望自己置身在必須做出這種選擇的難關：到底是損失財物還是丟掉自己和船員的性命。但沒有別的辦法，他只能決定留下相對來說他**更**想要的、他認為更適合他的。我們可以說他是自由的，因為他確確實實在自己不想遭逢的形勢下有自由選擇的權力。

每當我們在重要和艱難的時刻考慮將要做的事，都會遇到亞里斯多德假設的這位船長的困境。當然，事情也不是每次都這麼糟糕——每次我們都會遇上這樣的狂風；或者如果我總是拿颶風這樣的例子惹你討厭，你大可以像這位飛行員學生一樣反抗——

飛行員老師：「你正在駕駛飛機，預警系統提示有風暴襲來，引擎失靈，你該怎麼辦？」

飛行員學生：「我會用另一台引擎繼續前進。」

「好，」老師說，「但現在又發生了一場風暴，這台引擎也壞了，你又如何應對？」

「我用另一台引擎。」

「另一台也被風暴弄壞了，怎麼辦？」

「我再用另一台。」

「我們來看看，」老師生氣了，「能知道你從哪兒弄來這麼多引擎嗎？」

學生不慌不忙地答道：「從您弄出這麼多風暴的地方。」

那麼，現在我們先把亂七八糟的風暴放到一邊去，只說天氣好的時候應該怎麼辦。

一般來說，人們不會成天擔心什麼適合什麼不適合的問題，因為幸運的是，我們極少會碰到船長那樣的倒楣事。坦白說，我們必須承認，我們每天所做的大部分行為，都是機械般地完成，根本沒有去想太多。你可以跟我一起回想一下，今天早上你都做了什麼：在一個鬼知道為什麼那麼早的時間，鬧鐘響了，而你，儘管很想把它順手扔到牆上，還是按下了停止鍵。你賴了一會兒床，盡力再多享受一秒躺在被窩裡的那份舒適，直到想著實在躺太久了，校車不等人，你才一萬個不情願地爬起來。我知道你不愛刷牙，不過由於我再三強調，你還是跟牙膏牙刷打了個照面，然後幾乎是毫無意識地沖了個澡，因為這也早已成為你的「每日晨課」之一。接著你喝了點牛奶咖啡，吃了幾片和往常一樣的牛油麵包，馬上就出門了。走向車站的路上，你一邊在腦子裡回憶著昨天的數學題，一邊漫不經心地踢著空可樂罐。最後，你坐上校車直達學校……如此這般，一環扣一環。

為什麼選擇做這個，而不做那個？

事實上，我相信你不會在做這每件事之前都想來想去：「我起不起床？我洗不洗澡？吃不吃早飯？這是個問題！」可憐的船長在沉沒之前的擔心：趕緊決定扔貨還是不扔，跟你一早醒來睡眼惺忪的行為完全是兩回事。你的行為幾乎全是出於非制約的反射動作❷，一點提出問題的反抗都沒有。從根本上來說，這是最舒服最省事的做法，難道你覺得不是嗎？有時候想得太多只會讓人癱瘓，就像你開始走路，如果一直盯著你的兩隻腳，嘴裡叨叨念著：「現在邁右腳，好，左腳，右、左、右、左……」肯定不是摔一大跤，就是只得停下來。不過，我讓你回想的目的，是想讓你問問早上沒有提出的問題，那就是：**為什麼**我會做出這些行動？**為什麼**我做的是這個行動而不是相反的一種或其他任何一種？

我想這麼一問該把你逼急了：什麼呀！為什麼我要在七點半起床、刷牙、上學？你還好意思問我？還不就是因為你老是逼著我，用威脅、用許諾、用別的誰知道你從哪裡想到的方法強迫我的！如果你讓我乖乖地留在床上，不就什麼麻煩都沒有了！快消消氣，孩子，生氣對身體不好。當然，上面說的某些行為，比如洗臉和吃早餐，已經不需要我提醒你了，因為那是我們起床後都會做的事，對吧？而且每個人都會這麼做，就像不管天氣多熱，我們都得穿長褲而不是只穿內褲一樣。至於趕校車，好吧，為了不至於因為遲到而挨罵，你沒有別的辦法，因為走路去學校太遠，老爸我又沒錢讓你每天坐計程車來回。那麼踢空可樂罐呢？這個，你就是要踢，因為你想踢。

現在我們來具體分析一下，你在早上做的這些行為的不同動機。你知道我們這裡所說的「動機」這個詞的含義吧：它不是別的，就是你做一些事情時會有（或者是相信有）的理由，也就是我們推敲一個行為時最能接受的解釋，用一句話來概括就是：你回答「我為什麼做這件事」時所能想到的最好的答案。好，你找到的動機之一是我要求你做這做那，我們把它叫作「**命令**」。另一種情況是你總是做同一件事，重複到幾乎不用去想的地步，或是看到你周圍的人也都這樣做，這一類我們稱為「**習慣**」。還有一種，像踢可樂罐，動機似乎是「沒有動機」，你就是想踢，出於純粹的願望，你同意我把做出這些行為的動機叫作「**任性**」嗎？在此我把比較赤裸裸的「**功利**」排除在外——所謂功利，就是那些吸引你、為了達成某一目的而直接採取行動的事物，例如：為了上街從樓梯走下去而不是從窗戶跳出去，為了去學校而搭校車，為了喝牛奶咖啡而端起杯子。

現在我們只研究前三種動機：命令、習慣、任性。它們中的每一個，都會**指引**你去做出你的這項或那項行為，從中也可以顯示你在可以做其他事的情況下卻選擇做這件事的**傾向**。我想到的第一個問題是，這三種動機是用哪種方式和力量強迫你行事？因為它們不是在各種情形下都具有同樣的分量：起床上學比起刷牙洗澡（更不用提踢可樂罐了）更具有**強制性**；相反的，不管天氣多熱，必須穿長褲或者至少穿短褲，跟上學一樣，是早已定死的規矩，是吧？我想說的就是，每種動機都有不同的效力，以其獨特的方式對你加以限制。比如命令，它的威力有一定程度是來自你的**恐懼**——因為害怕不聽話會被我嚴厲責罵；但我想也有一部分來自你對我的**喜愛**和**信任**——相信我這樣命令你是為了保護你、教育你；或者用那種經常會讓你做鬼臉的說法——**為了你好**。另外，當然也因為你還期待某種獎賞——當你完成某一目標時，可以得到的獎金或是各式各樣的小禮物等等。相反的，習慣的養成大多是因為你滿足於繼續做一件事的**舒適**，或者不願意顯得與眾不同，也就是迫於他人的**壓力**。在習慣當中，也有一種對某些形式的命令的順從，比如你可以想想**流行**這個東西，那麼多的外套、運動鞋、小紀念章……你之所以想要穿戴，是因為你的朋友都有，而你不願落單！

命令和習慣有一點是相通的：它們都來自**外界**，施加在你身上而不經過許可。與之相反的是任性，它從你的**內部**自發而生，沒有人命令，也不是想模仿誰。我想，如果問你覺得什麼時候比較自由：是遵守命令、依循習慣，還是隨心所欲？你肯定會選最後一個，因為那是更加自我的、不取決於別人而只受你自己支配。當然你也得知道，也許所謂的「你想做」，也是跟別人學來的，或是來自某道你不想完成的命令——它激發了你向相反的方向行動，如果沒有前面這道你存心要違背的命令，你是想不到要這樣做的。在此我們還是先把這個問題放到一邊，沒有它，我們今天要講的問題也已經夠亂的了。

遵守命令到何種程度才正確？

不過，在結束本章之前，我們再來回想一下那艘航行在暴風中的希臘貨船，那艘亞里斯多德老爺爺的假想之船作為告別。既然我們是在雷電交加中開始，不如也在驚濤駭浪中結束，好讓這一章前後呼應。我們把他們放到一邊的時候，船長正處在緊要關頭——為了避免船難發生，要趕緊決定貨物扔還是不扔。當然，他有把貨物安全運送到港的命令，把貨物扔下海不是平常的習慣，在這種困境下率性而為對他也不會有任何幫助，那麼他是否就應該不顧自己和船員的性命安危而遵守命令呢？比起狂躁的大海，他是不是更害怕貨主的暴怒？正常情況下，一個人只要直接完成他的任務就可以了，但在某些場合，就應謹慎地問一問：遵守命令到何種程度才是正確的？不管怎麼說，船長不像白蟻那樣，只要「敢死隊」出動就行了，因為牠們除了回應天性的刺激，沒有別的退路。

在這種情況下，如果連命令都不足以倚靠，習慣就更沒有說服力了：習慣是為了流行，為了每天的慣例，但老實說，在汪洋大海中遇上暴風雨，可不是按照每日慣例解決問題的時候！比如，你每天早上都會老老實實穿上長褲或短褲，可是一旦發生火災，你絕不會因為沒穿褲子而難為情。在幾年前墨西哥發生的一次大地震中，我的一位朋友眼睜睜看著一棟大樓在自己面前倒塌。他趕去幫忙，努力要從廢墟中救出倖存者，但她居然堅持拒絕從瓦礫堆中出來。你可能會問：那是為什麼？直到最後她才坦言：「我什麼都沒穿……」真該為這不合時宜的羞恥心特別加分！如此忌憚於現行習慣，不是有點病態了嗎？我們可以假設那位希臘船長比較務實，保存貨物的慣例不足以促成他做出鋌而走險的行動，當然也不能隨便一扔了事——儘管大部分情況下也只好如此。當形勢實在危急時，需要急中生智**發明創造**，而不只是限於「習慣這麼做」或「大家都這樣」……

這也不是完全由著性子來的時候。如果告訴你，船長把貨物扔下水，不是因為他認為這樣合適，而是出於他的任性（或者出於同一個理由，把貨物存放到艙底），你會怎麼想呢？我來幫你回答吧：他一定是瘋了！仗著任性拿財物和生命做賭注，原本就夠糊塗的，一旦傷害到別人，更該受到嚴厲的批評。再說，他這麼隨意、不負責任，又怎麼可能爭取到一艘船的指揮權呢？實際上，在遇到風暴時，正常人都會收起自身所有的小脾氣，憑藉著堅定的信念，去找到最恰當的解決方法，去努力奮鬥——或者說，讓自己變得更加理智。

這樣一來，也就變成一個簡單的「**功利**」問題——找到可以安然無恙抵達目的地的最好辦法了嗎？我們假設船長認定，只要減輕一**些重量**，無論是貨物的還是船員的，就可以逃生；假設他企圖說服大家，只要把四五個最沒用的水手扔出甲板，就能大致保證這趟航程的利潤，從功利的角度來看，這也許是在「救命」和「保值」之間所能做出的最好的平衡，但我卻覺得這個決定實在是**讓人心寒**——我猜你肯定也會這麼想。可是我之所以這麼想，是因為我被下達過「這種事不能做」的命令嗎？還是因為我不習慣這樣做，或者僅僅是因為我不想——儘管我很任性但也不想這樣做？

不好意思把你懸在這樣一個希區考克式❸的**懸念**當中，但我不會直接告訴你那個倒楣的船長最後做了什麼；希望他最後能夠拿定主意選對方法，現在一路順風地航向回家的路上！事實上，每次一想到他，我就發現其實我們大家都在同一艘船上。現在只剩下之前提出的那些問題了，等著和風把我們吹到下一章吧，在那裡，我們還會碰見它們，到時我們再一起去尋找答案。

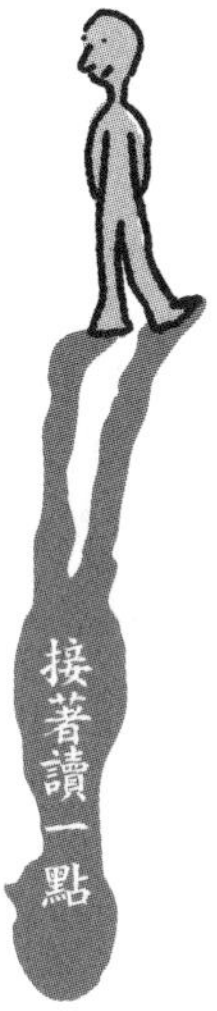

德性是在我們能力之內的。惡也是一樣。因為，當我們在自己能力範圍內行動時，不行動也在我們的能力範圍之內，反之亦然。所以，如果做某件事是高尚的，不去做是卑賤的，那麼如果去做那件事是在我們能力之內，不去做就同樣是在我們能力範圍之內。如果不去做某件事是高尚的，去做是卑賤的，那麼如果不去做那件事是在我們能力之內，去做就同樣是在我們能力範圍之內。既然做還是不做高尚的行為，做還是不做卑賤的行為，都是我們能力範圍之內的事情，既然做或不做這些，如我們看到的，關係到一個人是善還是惡，做一個好人或壞人就是在我們能力範圍之內的事情。

——**亞里斯多德，《尼各馬科倫理學》**（*Ethica Nicomachea*）

在**生活的藝術**中，人同時是藝術家又是他手中的藝術品，是雕塑家也是大理石，是病人也是醫生。

——**佛洛姆，《心理分析與倫理學》**

在道德中我們只有四條原則：

一、哲學的：出於對法律的尊重，為了「好」本身做好事。

二、宗教的：出於對上帝的愛，為了上帝的意志做好事。

三、人性的：出於自愛，為了你自己的幸福做好事。

四、政治的：出於對社會的愛和對自身的考慮，為了你作為其中一分子的社會的繁榮而做好事。

——**李契騰柏格❹，《格言集》**

我們不應當為長壽擔心，而要想想如何活得滿意，因為前者取決於目的地，後者取決於你的心智。只要生活充實那就是長壽了，而充實的來源是精神恢復自身良好狀態並達成對自我的控制。

——**塞內卡❺，《給盧西裏奧的信》**（*Epistulae morales ad Lucilium*）

注釋：

1 **亞里斯多德（Aristotle，前三八四至前三二二）** 古希臘的大哲學家，他對西方文化的取向和內容，有著其他思想家無法媲美的深遠影響。

2 **非制約反射（unconditioned reflex）** 俄國生理學家巴甫洛夫於一八九〇年代進行一著名實驗。餵小狗食物的時候，先以鈴聲提示，持續一段時間後，即使沒有食物，小狗在聽到鈴聲時也會分泌唾液。

巴甫洛夫將食物看作非制約刺激（unconditioned stimulus）唾液分泌看作非制約反應（unconditioned response），兩者的關係即為非制約反射，即不需要經過學習，可說是天生而成的反射動作。反之，經由訓練、學習而形成的反應，即狗聽到鈴聲（制約刺激，conditioned stimulus）會分泌唾液（制約反應，conditioned response），稱為制約反射（conditioned reflex）。

3 **希區考克**（**Sir Alfred Hitchcock，一八九九至一九八〇**）　原籍英國的電影導演，以擅長拍攝驚悚懸疑影片受到歡迎。

4 **李契騰柏格**（**Georg Christoph Lichtenberg，一七四二至一七九九**）　德國物理學家兼諷刺作家，以其嘲笑形而上學和浪漫主義的過火論點而知名。他的尖刻詼諧使他陷入和一些同時代名家的爭論。《英倫書簡》（*Briefe aus England*）是他最吸引人的作品。代表作為《格言集》（*Aphorisms*）。

5 **塞內卡**（**Lucius Annaeus Seneca，約前四至西元六五**）　羅馬哲學家、政治家、雄辯家、悲劇作家，西元一世紀中葉羅馬學術界的領袖人物。西元六五年，由於政敵指控他參與謀反陰謀而被勒令自盡。

chapter

3

隨心所欲，各行其是

自由就是可以說「行」或「不行」，做或者不做。自由就是做決定。但你也別忘了，一定要對你的決定心知肚明。

「道德」是一個你、我和周圍的人普遍認為有效而接受的行為和規則的總和；「倫理」則是對「為什麼」我們認為這件事有效的一種思索。

前面已經說過，我們做大部分事情都是因為受到命令（小時候來自父母，長大後來自上司或法律），也可能出於習慣（有時是別人用先例和壓力把標準強加於我們——怕顯得怪異、怕受到檢視、怕被人八卦、希望被群體接受，有時則是我們自己養成的），這都是達成目的的一種方式（比如坐車去學校），或者僅僅因為心血來潮想這麼做。但是在重要場合或是需要嚴肅考慮做什麼的時候，所有這些平常的動機都顯得不再具有說服力——算了吧，就像人們愛說的那樣：這能有什麼用？

當一個人必須像赫克托那樣，硬著頭皮站在特洛伊的城牆上迎接阿基里斯的挑戰，或者面臨是扔貨救人還是扔人保貨的選擇，或者……在類似的情況下，儘管沒有這麼極端（舉個簡單的例子，我是該投票給我認為將有利於大部分國民的政客、儘管他提高稅收的舉措會損害我的個人利益；還是該投票支持損害其他人利益、而我的收益能更加穩固的一方？），命令跟習慣都無法發揮作用，這也不是任性可以踢開的問題。納粹集中營的軍官在面對屠殺猶太人的控訴時，試圖用「我只是服從上級命令」來為自己開脫，但在我看來，這個藉口完全站不住腳。在一些國家，人們常常因為膚色問題而不願把房子租給黑人，或是因為性取向問題而不願租給同性戀，但不管這種習慣性的歧視多麼強大，仍然不能說服我坦然接受（這種做法）。離開家去海邊玩個幾天的任性行為可以理解，但如果他有一個嬰兒需要照顧，卻任其整個週末都無人看管，那麼這種任性不僅不可愛，簡直就是在犯罪了。難道你看待這些問題的意見會跟我不一樣嗎？

為什麼我要做這件事？

所有這些都跟「**自由**」的問題有關。我想前面已經跟你提過了，它正是「倫理學」主要研究的領域。自由就是可以說「行」或「不行」，做或者不做，不管老闆和別人說什麼；這個適合我，我想要；那個不適合我，所以我不做。

自由就是**做決定**，但你也別忘了，一定要對你的決定**心知肚明**——就像你理解的，它是「**放任自流**」的對立面。所以為了不放任自流，你沒有別的辦法，只能好好考慮——至少考慮兩次——即將要做的事。對，就是得兩次，哪怕想得你頭疼……**第一次**，想想「為什麼我要做這件事」的動機，這是我們剛剛討論過的類型：因為我受到命令、這是習慣或者我心裡想。但**第二次**想的時候，事情就發生變化了：我接到命令，但，為什麼我要遵守這道命令？害怕懲罰嗎？想要獎勵嗎？那對於下達命令的人而言我不是被**奴役**了嗎！如果我順從是因為發號施令的人懂得更多，那麼我努力知道得一樣多的話，不是更有助於我自己做出決定嗎？如果指示的內容並不**合適**呢？比如納粹軍官得到命令消滅集中營的囚犯，那不是可能成為「壞事」（即不管如何都是不利於我的事）嗎？或者也有未曾接到指示，但卻是有利於我的「好事」？

在「習慣」方面，也會出現同樣的問題。如果不對我所做的事想上兩遍，也許我就會滿足於「因為這是習慣」的解釋。但憑什麼我就該做習慣這麼做的事呢（或者我通常會這麼做的事）？不管朋友多麼親密，我不是周圍任何人的奴隸，也不是昨天、前天、上個月的奴隸！如果左鄰右舍都歧視黑皮膚的人，而這事在我看來連「半件好事」都算不上，那為什麼我要跟著這樣做？如果我養成借錢不還的習慣，但每次開口都感到更加難堪，為什麼我不能改正這種行為、從現在起做一個正直的人？難道一個陳舊的習慣不可能對我有害嗎？而當我對自己的任性也考慮再三時，結果也類似於此。我經常會做出一些很快就會變得對自己不利（自己也會馬上後悔）的事。在無關緊要的事情上，小小的任性還可以接受，但在嚴肅的事情上，由著性子亂來，不管它是有益或有害的任性，就可能造成十分嚴重的後果，甚至會給自己帶來生命危險——闖紅燈一次兩次可能還挺好玩，但每天都這樣，我還能安全地活到老嗎？

總的來看，命令、習慣、任性，都可以是行為的動機，但也並非總是如此。當然，反對所有的命令、習慣、任性是笨蛋的做法，因為結局可能很好、皆大歡喜，但**僅僅因為它是命令、習慣或任性就堅持去做，絕對不是一個好的行動**。如果想知道結果到底好不好，我必須深入檢查我所做的事，自己跟自己論證。在這個位置上，沒有人是自由的，也就是說，沒有人能為我尋找、為我選擇。如果是個幼稚的小孩還好說，不瞭解生活、不明白現實，可以順從於命令、習慣和任性，但那是因為他還依賴於某個人，被一雙大手守護著。可是人必須長大成熟，在某種程度上「**創造**」自己的生活，而不僅僅是照搬別人設定好的模式。誠然，人也不能發明一切，因為我們終究不是孤身一人，很多事情不管我們想不想要，總會被強加到我們的身上（想想看，可憐的船長並不願意在漫無邊際的大海中央遇上風暴，阿基里斯也沒事先徵得赫克托的同意便前來攻城……），但在下達給我們的命令中，在圍繞我們或自己養成的習慣中，在突如其來的任性念頭中，我們必須學會自己做出選擇；為了成為大人而不是傻瓜（對不起傻瓜們了），除了三思而行，沒有別的辦法，甚至如果是在緊要關頭，四思五思都是必要的。

「倫理」和「道德」的區別

從詞源學上來看，「道德」一詞跟「習慣」有關，因為它正是拉丁語中所指的「習慣」❶；它還跟「命令」有關，因為大部分道德觀都在說「你應該做這件事」或「你想都別想那樣做」。但是，有些習慣和命令——正如我們已經看過的——可能是「**壞**」的，或者是不道德的，不管那些命令有多強硬，也不管那些習慣存在的時間有多長久。如果真想在「道德」上深究下去，如果確實想學學如何正確運用我們手中的「自由」（這番學習恰恰基於我們正在討論的「道德」或「倫理」），那就最好先忘掉命令、習慣和任性。首先必須明確知道的是，一個自由人的倫理與獎懲無關，不管是來自神或人的權威都一樣。那些從別人那裡逃避懲罰或尋求賞賜的人、根據別人規定的法則行事的人，無異於可憐的奴隸。糖果和藤條，也許對一個小孩還能有點行為引導的作用，但若是成年人仍在遵循這種思維，那就很可悲了，他們必須有另一種思考方式來指導自己。對了，這裡我們還要對一個術語做一下澄清。儘管我會把「道德」和「倫理」同樣使用，但從專業角度來看（請原諒我又要掉書袋擺出老師的譜了），它們的含義並不相同。「道德」是一個你、我和周圍的人普遍認為有效而接受的行為和規則的總和；「倫理」則是對「**為什麼**」我們認為這件事有效的一種思索，和對不同人所持的「道德」進行的比較。但不管怎麼說，接下來我還是會對它們（和「**生活的藝術**」一起）不加區分地予以運用，請學術界寬恕我。

你要留意，「好」和「壞」這兩個詞，不只用於道德行為，也不單用於指人。比如，大家都說足球明星里瓦爾多和勞爾是「好」的足球運動員，但卻不會用這個形容詞去表示他們在足球場外給任何陷入困境者的善心捐贈，或是他們堅持說真話的品性。他們的「好」，僅僅表現在足球方面，這一性質與他們的私生活沒有任何關係。我們也可以說一輛摩托車「好」，但不是指它來自德蕾莎修女的賞賜，而是說它騎起來非常順手，有一輛摩托車應當具備的一切優點。在足球運動員和摩托車問題上，「好」（也就是說「適合的」）的意思非常明確，如果我問你，你肯定能清楚地告訴我：哪些是在（足球）比賽中和在公路上（行駛）達到優秀的必要條件。那麼我要問了，為什麼我們不用同樣的方式來定義成為一個**好人**所需的必要條件呢？這不是能解決我們之前這麼多篇幅中提出的問題嗎？

事情可沒這麼簡單。說到好的足球運動員、好摩托車、好馬等等，大部分人都能取得一致意見，可是要想大致斷定一個人是好是壞，僅僅是作為「人」來看，也很難眾口一詞。比如漫畫人物「小純」❷，在家裡，她媽媽以為她從來不做壞事，又聽話又有禮貌，但在班上，所有同學都討厭她，因為她老是亂開玩笑、挑撥離間。又比如，在奧斯威辛集中營放毒氣殺害猶太人的納粹軍官，在上級眼中是好的、正確的，但猶太人對他們必定會有不同的看法。有時說一個人「好」，並不代表任何的好，甚至我們常常還會聽到人們說：「某人太好了，真可憐！」西班牙詩人安東尼奧．馬查多❸，就意識到了「好」這種模棱兩可的用意，並在他的自傳詩中寫道：「當好意味著好，我便是好的。」他的意思就是說：在很多情況下，說一個人「好」，僅僅表示其溫順、習慣於不反抗、不製造麻煩、別人跳舞的時候主動放音樂，以及其他類似這樣的事情。

怎樣成為一個好人？

對有些人來說，做個好人意味著屈從和耐心；另有一些人則只對積極、新穎、即使惹人不高興也敢於說出自己想法的人，才使用這張標籤。比如在南非，有人覺得安於**種族隔離**、不惹是生非的黑人便是「好」；有人則堅持認為，只有追隨曼德拉❹的人才能稱得上「好」。你知道為什麼做出一個人是好是壞的判斷，會如此困難嗎？原因很簡單，因為我們不知道人類是**做什麼用**的。足球運動員是為了幫助隊友防守並把球踢進對方的大門；摩托車是為了迅速、安全、牢固地把人或物從一個地方運到另一個地方；我們知道什麼人稱得上技藝精湛的專家，或什麼工具運作正常，因為我們清楚地知道它應有的功用、對它抱有應有的期待。但若廣泛地講到人類身上，事情就變得複雜起來：人們常常被要求服從，另一些時候則是反抗；一會兒是獨創性，一會兒又要懂規矩；此時闊綽大方，彼時又要有未雨綢繆的節儉眼光。甚至可以說，要斷定任何一項美德都不容易：如果說從不失誤、總是攻入對方大門的球員是「好」的；但說真話卻未必同樣是好事：向病危的人殘忍地告知時日無多，或是背叛自己的同志向殺手暴露其行蹤，難道這能算得上是「好」嗎？手藝和工具都會明白無誤地符合一些使用規則（這都是從外部規定的）——如果達到了，好，如果沒達到，不好——這就行了，對它們沒有什麼別的要求。就像沒有人會去要求球員善良或誠實（僅僅作為好球員而不是好人），也沒有人會去要求一輛摩托車為了要稱得上好就要方便釘釘子。但當從普遍意義上來考慮人類的問題，道德就顯得不是那麼清晰可循，因為做好人沒有一個唯一的**規則**，而且人也不是為了達到某一目的的**工具**。

有很多方法可以成為好人，裁決行為好壞的觀點或意見也會隨具體情況而變。所以我們有時說某人就他們自己的方式來說做得「好」，也就等於我們承認了方式有很多種，問題取決於它在什麼情況下被選擇。於是你可以發現，從**外部**無法斷言誰好誰壞，誰做得對或不對。要研究的不僅僅是每件事的情形，甚至需要追究推動它發生的**意圖**：有可能某人本想去做壞事，卻無心插柳幫了大忙，對這種僥倖我們總不能說它好吧？反過來也一樣，從世界上最好的意願出發，結果卻引發了無窮的災難，或者無端陷入怪物手中，我們能說它的本意不好嗎？類似這樣的事情，一時半會還真說不清楚，真是抱歉。

既然我們已經說過，命令、習慣、任性，並不足以引導我們去探尋倫理學，而現在也沒有一個明確的規則可以引導出好人並總是去做好事，那我們怎麼解決這個問題呢？我的答案肯定會讓你大吃一驚，甚至會有些憤憤不平。一位十六世紀非常有趣的法國作家拉伯雷❺，在歐洲最早的小說《巨人傳》裡講述了巨人高康大和他兒子龐大固埃的歷險故事。這本書有很多可圈可點的地方，我希望你現在或以後能自己去讀，但這裡我只告訴你，有一次，高康大決定建立一個宗教團，他選的地方是德廉美修道院，因為鐫刻在它大門上的唯一戒律是：隨心所欲，各行其是。居住在這個神聖家園的子民們，都嚴格遵循這一戒律，隨自己的意願而行。如果我現在告訴你，在被叩響的倫理學大門上同樣寫著這唯一一句「**隨心所欲**，**各行其是**」，你會作何評論？也許你該生氣了：什麼呀，我們得出這樣一個結論算什麼有**道德**！如果全世界的人都只做他們想做的事，這個世界不天下大亂才怪！難道我們花了這麼多時間和精力，就為得出這麼一個結論？等等，你先別急，再給我一個機會，給個面子看看下一章。

修士的整個生活起居，不是根據法規、章程或條例，而是按照自己的意願和自由的主張來過活。他們高興什麼時候起床，就什麼時候起床，其他像吃、喝、工作、睡覺，也都是隨他們的意願。沒有人來驚吵他們，也沒有人強迫他們吃、喝，或做任何別的事情。這是高康大規定的。他們的會規，就只有這麼一條：

「隨心所欲，各行其是」

因為自由的人們，由於先天健壯，受過良好教育，來往交談的又都是些良朋益友，他們生來就有一種本能和傾向，推動他們趨善避惡，他們把這種本性叫作品德。遇有卑劣的約束和壓迫來強制和束縛他們的時候——因為我們人總是追求禁忌的事物、想得到弄不到手的東西——他們便會把推動他們向善的那種崇高熱情反轉，來擺脫和衝破這個桎梏的奴役。

——拉伯雷，《巨人傳》

人性的倫理學，跟專制的倫理學相對，可以用一條形式和內容上的原則來區分，前者在於只有一個人自己才能決定德行和罪過，而不服從於任何權威；後者的基礎是，對人好的就是好，對人有害的就是壞，人類的幸福是倫理價值的唯一尺規。

——佛洛姆，《心理分析與倫理學》

但是儘管理性獲得足夠的支援和改進時，便足以告訴我們品質和行為所具有的有害或有益趨勢；然而，單單有理性，還不足以產生道德上的贊許或責備。效用僅僅是達成一定目的的傾向；如果這個目的與我們毫不相干，那麼，我們同樣也會對其實現手段採取漠然置之的態度。情感在這裡有必要顯示自己，以便使有益的傾向優先於有害的傾向。這種情感可能正是對人類幸福的好感和對痛苦的反感，因為這些感受正是善與惡往往會促成的不同結果。因此，理性在這裡告訴我們若干種行為傾向，而仁慈則體現出了一種有利於那些有用而有益的行為傾向。

——休謨❻，《道德原理研究》

注釋：

1 **習慣** 拉丁語為mores，西班牙語演變為moral。

2 **小純**（**Purita**） 西班牙漫畫家José Luis Beltrán筆下的著名漫畫人物。

3 **安東尼奧・馬查多**（**Antonio Machado**，**一八七五至一九三九**） 西班牙「九八年一代」（Generation of '98，指活躍於美西戰爭時期的一群詩人、小說家、哲學家等）的傑出詩人和劇作家。他熱烈支持西班牙共和國。一九三九年共和國崩潰時逃離西班牙。

4 **曼德拉**（**Nelson Rolihlahla Mandela**，**一九一八—　**） 南非黑人民族主義者、政治家，曾長期遭監禁（一九六二至一九九〇），後任南非總統（一九九四至一九九九），是積極的反種族隔離人士。

5 **拉伯雷**（**François Rabelais**，**約一四九四至一五五三**） 法國作家和牧師，對他的同時代人來說，他是個醫生和人道主義者，對後代人來說，他則是幽默作品《巨人傳》（*Gargantua and*

Pantagruel）的作者。

6 **休謨（David Hume，一七一一至一七七六）** 十八世紀蘇格蘭經驗論哲學家、歷史學家、經濟學家和隨筆作家。《道德原理研究》（*An Enquiry Concerning the Principles of Morals*）是休謨關於道德思考的結晶。

chapter

4

給自己一份好生活

倫理學就是探求如何生活得更好的一種理智行為。如果說它值得人感興趣，值得人追問下去，那是因為我們都渴望過好生活。

為了讓其他人待我像一個人，我也必須使他們成「人」，如果在我眼中都是器物或者野獸，我也不可能變成什麼更好的東西。

我在這放上一句「隨心所欲，各行其是」，作為接下來探討的倫理學的基本準則，目的是什麼呢？很簡單（不過恐怕等會兒就不那麼簡單了），必須排除一切命令、習慣、獎賞、懲罰，也就是說，排除一切試圖指導你的外部因素，讓你從自己出發，從你意志的內在判斷出發。不要問別人你的生活應該怎麼過，應該問你自己。如果想知道在什麼地方能夠更妥善地運用你的自由，就不要從一開始就依附在別人身上因而失去自我，無論那些人有多麼善良、多麼睿智、多麼受人尊敬；而是應該根據自由的原則，去思考自由的價值。

當然了，你是個聰明的孩子，也許你已經發現這裡有一個矛盾。如果我對你說「做你想做的事」，這就好像我在命令你「完成『做你想做的事』這件事」，儘管這是一條讓你自由完成的命令。可不是嗎，深入仔細檢查才發現，這命令真複雜！完成了，你就是沒有服從（因為這不是你想做的事，而是我要你做的事）；要是不完成，你又服從了（因為你做了自己想做的事，而不是我命令的事，但這又正好是我命令你的內容）。相信我，這裡不是故意給你一堆報紙上的消遣謎題讓你傷腦筋。儘管我努力面帶微笑來講述這一切，以免我們都覺得沉重無聊，但這個問題本身確實是嚴肅的：它的目的不是為了**打發時間**，而是為了**好好活著**。包含這「做你想做的事」的明顯矛盾，僅僅是關於自由本質的一小步思考，那就是在「自由」的問題上，我們沒有自由的權利放棄它，除了接受，沒有別的辦法改變這狀態。可是如果你跟我說，好，你已經受夠了，你不想再繼續自由下去了呢？或者你決定像個奴隸一樣賣身給出價最高的人，或是發誓無論如何都會永遠遵從這位或那位暴君呢？嗯，你這樣做是因為你願意這樣，願意用你的自由去做交換——儘管必須對他人言聽計從，或被大眾的行為裹挾而行——你仍是在行使你所希望的：你沒有放棄選擇，而是選擇了自己不做出選擇。所以二十世紀一位法國哲學家沙特❶才會這麼說：「我們被判了自由的刑。」這道處罰，沒有赦免的可能。

做你想做的事不等於任性

所以我說的「做你想做的事」，僅僅是一種方式，用來提醒你，必須認真考慮你的自由問題——沒有人能免除你自由選擇的**創造性**責任。別費口舌再去追問為了「自由」兜這麼多圈子是否值得，因為不管你喜不喜歡，你都是自由的；不管你喜不喜歡，你都得**喜歡**。哪怕你說不想知道任何這類麻煩事、饒了你吧、讓你靜一靜，你仍然是有所喜歡的：不想知道任何事情，只想自己一個人待著，不惜為此變得有點或是非常人云亦云。但我們不要把這個「做你想做的事」，跟前面說的「**任性**」混淆，做「你想做的事」是一回事，做「你腦子裡冒出的第一個念頭」則是完全不同的另外一回事。不可否認，有時單是簡單純粹的衝動就夠了。比如在餐廳點菜，恰巧你胃口很好，又不用擔心變胖，所以管他的，你想吃什麼就點什麼。不過小心囉，有時單憑「衝動」行事，非但不能幫你衝鋒陷陣，反而會把你絆倒，這方面的例子多的是。

不知道《聖經》你讀得多不多，裡面處處是有趣的故事，並非只有虔誠的信徒才能理解欣賞——你也知道我這個人並不怎麼信教——在它的第一章〈創世記〉裡，講到了以掃和雅各的故事。他們是以撒的兩個兒子、雙胞胎，但以掃先從母親肚子裡出來，於是被授予了長子的身份。在那時候，長子地位可不是一件隨隨便便的小事，這意味著將來可以從父親那裡繼承所有的財產和特權。以掃喜歡狩獵冒險，雅各情願待在家裡不時做點美味可口的飯菜。一天，以掃從田野裡疲憊不堪、饑腸轆轆地回來；雅各煮了美味的紅豆湯，而以掃除了撲鼻的香氣和滿腔的口水，什麼也沒有。他特別想喝湯，便求雅各邀他同吃。廚師弟弟回答說：十分樂意，但不能免費提供——必須拿他的長子身份來換。以掃想：「現在我只想要紅豆湯，繼承父親的事還不知道有多遙遠，誰知道呢，也許我比他還早死！」於是他就點頭同意，用長子未來的權利交換眼下的美味。這鍋紅豆湯，真是要多香有多香，要多誘人有多誘人！甚至在吃飽喝足之後，也不會讓以掃後悔自己做的是虧本生意、是椿後來將引起兄弟反目的隱患

（相當尊敬地說，我覺得雅各是個行事萬分謹慎的老鳥）。想知道故事最後的結局如何，自己去讀〈創世記〉吧，知道我講的這些，對於現在我們所關心的問題已經足夠了。

我看你開始有點急了，你想用這個故事反駁我宣揚的東西也不奇怪：不是你給我一個漂亮的建議「做想做的事」嗎？這不就是！以掃想喝湯，堅持要達成這一心願，最後落到繼承權盡失，好大的代價！說的是，當然了，不過……我們先要弄清楚：這碗紅豆湯是以掃**真正**想要的？還是他在那一刻想要的？不管怎麼說，那時候的長子身份非常有利；至於紅豆湯，想喝就端起，不想喝就放下。畢竟，前者是在不確定多久的時間後可以改善他生活的一項權利；而想喝湯固然無可厚非，可是如果他稍微靜下心來想一想，就能意識到，這第二個欲望完全可以等上一會兒，不必為此破壞了獲取根本利益的可能性。有時我們人類喜歡矛盾的事物，總是讓這個跟那個起衝突。所以，確定主要跟次要，把一時想要的和從長遠、根本上利我的事物之間分出某種等級，是非常重要的，否則的話，就去看看以掃吧……

這個《聖經》故事裡有一個關鍵的細節，是什麼決定以掃選擇眼下的紅豆湯、放棄未來的遺產？那就是死亡的陰影，或者照你喜歡的方式說，因生命的短促引發的淡漠。「我怎麼知道，無論如何我都會死，也許還比父親早死，那我為什麼要在適不適合我的這個問題上兜圈子、自尋煩惱呢？現在我想喝紅豆湯，明天也許我就咽氣了！所以，把湯給我端上來，就這樣！」對以掃來說，死亡的確定性，似乎讓他認為自己的生活已經**不值得眷戀**，一切都無所謂。但讓一切變得不一樣的不是生，而恰恰是死。**由於懼怕死亡，以掃決定活得像已經死去一樣，看輕所有人事**。生活由時間構成，我們的現在充滿回憶和希望，而以掃卻讓自己的生活，除了紅豆湯撲鼻的香氣之外，似乎斷絕了一切現實，既沒有昨天，也沒有明天。此外，我們的生活還由與他人的關係構成——父子、兄弟、朋友、敵人、繼承人和被繼承人等等。而以掃則決定把紅豆湯(一個事物，而不是一個人)看得比那些人與人之間的關係都還重要。於是問題來了：以掃是真正完成他想做的事，還是死亡把他**催眠了**、麻痹了他的意願？

探求如何生活得更好的一種理智行為

現在我們先把以掃貪吃的任性和家庭糾紛放到一邊，回到更讓我們關心的你的情況。如果我讓你做你想做的事，首要的一件就是：認真、深入地考慮你想做的究竟是什麼。毫無疑問，你會有很多點子，有些甚至常常自相矛盾，就像所有人都會遇到的那樣：你想要一輛摩托車但又不願在馬路上被撞破腦袋；你想交朋友但又不願失去自己的獨立；你想有錢但又不願向別人稱臣屈服；你想獲得知識，你明白必須學習，但你又想跑出去玩；你想我不施加任何條件放你自由生活，但又希望在你需要的時候能有我的幫助……諸如此類。總而言之，如果你必須概括這一切，把你全面而深入的念頭真誠地用語言來表達，你肯定會說：「你看，老爸，我想要的是**給自己一份好生活**。」好極了！頒獎給這位小男士！這正是我想要建議你的：當我說「做你想做的事」，實際上是我想啟發你，要勇於給自己一份好生活，不要管別人是滿懷悲傷還是得福享樂——很抱歉，倫理學就是探求如何生活得更好的一種理智行為。如果說它值得人感興趣，值得人追問下去，那是因為我們都渴望過好生活。只有那些生就注定為奴的人，或是如此害怕死亡以至於認為一切都無所謂的人，才會為了紅豆湯而活，以隨意的方式而活。

你想給自己一份好生活，很好，但你希望的「好」，不是一棵花椰菜或一隻蟑螂的幸福（我絕對尊重這兩種生物），而是作為**人類**的幸福。我相信，你擔得起這樣的好，也確定你不會因為世上任何事物而放棄它。做「人」，之前我們已經說過，主要在於跟其他人建立關係。如果給你很多很多錢、一座比《一千零一夜》裡的宮殿還要豪華的別墅、最美麗的衣服、最可口的飯菜（無數的紅豆湯！）、最精密的機器等等，但這一切都要以不再見到任何人類、和被任何人類見到作為交換條件，你會答應嗎？你能保持**神智清醒**多久？以**犧牲**與他人的關係為代價來獲取的利益，難道不是所有瘋狂事情中最瘋狂的嗎？幸福和快樂，正是建立在事物「允許」（至少是看上去允許）你與人建立更有利的關係。錢可以迷惑或收買他人，衣服可以取悅或引起他人的嫉妒，漂亮的家、美酒佳餚等等，都是一樣。家用電器呢？錄放影機和電視讓我們把別人看得更清楚，ＣＤ讓我們聽得更清楚……其餘均可以此類推。很少有事物在隔絕狀態中仍能保持優美，如果這一隔絕是完全的、絕對的，事物將會無可挽回地變質變苦。好的人類生活是**人群之間**的生活，反過來，雖然仍然可以是生活，但卻既不好也不合乎人性。你開始意識到我在把你帶往哪個方向了嗎？

事物可以漂亮、有用，動物（至少是某些動物）可以溫馴可愛，但人類想要做的「人」，不是工具，也不是蟲豸。**我們都希望被當作人來對待**，而這點人性，在很大程度上取決於一部分人對另一部分人的行為。我的意思是：桃生桃，豹生豹，但人並不是生下來就是健全的人，如果大家不幫他的話，甚至一輩子都當不成人。為什麼？因為人不只是一個自然的生物現象（像桃子和豹一樣），他還是一個**文化**現象。沒有哪種人類文明可以棄絕文化學習，擺脫構成所有文化的基礎（我們全人類的基礎）——語言。人類生活的世界，是一個語言的世界，一個符號和規則的現實，沒有這一現實，我們不僅無法相互交流，甚至無法捕捉周圍自然物傳達的**信息**。沒有一個人可以獨自學會說話（像獨自學會吃飯、撒尿一樣，是的，撒尿，請原諒我的粗俗），因為語言不是人的一項自然生理功能（當然，它的基礎是我們的生理條件），而是我們從他人身上繼承和學習的一份文化創造。

如何讓其他人待我像一個人

所以對某人說話和傾聽某人，就是將他像人一樣對待，或者至少是「人性」

對待的開始。然而，這只是第一步，語言只是我們「人類化」的一個出發，不僅僅是語言，還有其他方式可以表達我們作為人類的**互相承認**，比如一個人用理解的眼神和尊重的神情看待另一個人。大家都希望別人這樣對自己，否則便會抗議。所以女孩們反對將她們當做雌性物品，或是簡單的裝飾工具；也因為這樣，罵人的時候可以聽到「畜生！」彷彿提醒他破壞了「人」所應當遵守的交際規則，如果對方再這樣下去，我們就會以其人之道還治其人之身。這其中，我認為最重要的問題是：人類化（即把我們變成人、一個想要成為的人的過程）是一個**相互作用**的過程（就像語言一樣，你注意到了嗎？），為了讓其他人待我像一個人，我也必須使他們成「人」，如果在我眼中都是器物或者野獸，我也不可能變成什麼更好的東西。所以，「給自己一份好生活」，實質上跟「給別人一份好生活」並沒有根本區別。你可以好好想想。

接下去我們還會繼續談論這個問題，現在，為了更輕鬆地結束這一章，我建議咱們一起去看場電影。如果你同意的話，我們可以去看奧森．威爾斯❷自導自演的《大國民》，一部很棒的作品。先給你簡單介紹一下電影的內容吧：凱恩是個百萬富翁，在他名為「夏拿都」❸的豪宅裡，他肆無忌憚地搜集了世界上最美麗的藏品。無疑的，他很富有，什麼都不缺，生活在他周圍的人，都被他當成工具利用，以達成他自己的野心。但在他生命的盡頭，當他孤獨地漫步在別墅空蕩的大廳，四壁鑲嵌的鏡子把他的形單影隻擴大了千倍——只有虛無的影中人陪伴著他。最後，他死了，喃喃吐出一個詞：「玫瑰花苞！」一位記者試圖破解這最後一聲呻吟的祕密，卻沒有成功。其實，「玫瑰花苞」是凱恩小時候玩的雪橇上的廠牌名字，那是一個他周圍仍然充滿關愛的時代——大家都喜歡他，他也回報給大家同樣的笑臉。從別人身上聚斂而來的財富和權力，沒有為他買到任何比童年記憶更美好的東西。這架雪橇——甜蜜人際關係的象徵——才是凱恩真正想要的東西，也是他在獲取無數物質（這些物質對他來說一無是處，但大多數人卻都羨慕他）的過程中，被犧牲掉的**好生活**。好了，我們去電影院吧，明天我們再繼續。

有一天，雅各熬湯，以掃從田野回來累昏了。

以掃對雅各說：「我累昏了，求你把這紅豆湯給我喝。」

雅各說：「你今日把長子的名分賣給我吧！」

以掃說：「我將要死，這長子的名分於我有什麼益處呢？」

雅各說：「你今日對我起誓吧！」

以掃就對他起了誓，把長子的名分賣給雅各。

於是雅各將餅和紅豆湯給了以掃，以掃吃了喝了，便起來走了。

——〈創世記〉第二十五章，第二十七至三十四節也許人是壞的，因為終其一生都在等待死亡，在別的人事中死了千萬次。所有知道自己將死的動物都會變得瘋狂——恐懼的瘋，狡詐的瘋，不安好心的瘋，逃之夭夭的瘋，俯首稱臣的瘋，勃然大怒的瘋，還有仇恨、糊塗、帶殺氣的瘋。

——**湯尼・杜韋特❹，《邪惡入門》**（*Abécédaire malveillant*）

自由的人是擺脫獨斷的自大而愛的人，他相信現實，即聯結「我」和「你」這個巨大雙重性之間真實的紐帶。他相信「命運」，相信命運需要他……該發生的還沒發生，是因為沒有達到有資格去要求的能力。

——**馬丁・布伯❺，《我與你》**

自由的人絕少想到死；他的智慧，不是死的默念，而是生的沉思。

——斯賓諾莎❻，《倫理學》

有能力注意自身是向別人投入注意力的前提，對自己感到自在是與別人建立關係的必要條件。

——佛洛姆，《心理分析與倫理學》

注釋：

1 **沙特（Jean-Paul Sartre，一九〇五至一九八〇）** 法國哲學家、劇作家、小說家，法國存在主義的首倡者。

2 **奧森・威爾斯（Orson Welles，一九一五至一九八五）** 美國電影導演、編劇和演員。《大國民》（Citizen Kane）為威爾斯二十六歲時自編、自導、自演的銀幕處女作，也是美國電影史上最重要的一部作品。該片以美國億萬富翁、報業界的巨頭威廉・赫斯特（William Randolph Hearst）的生平事蹟為原型創作而成。影片從一位報業大亨孤獨地在豪宅中死去起始，他臨死前莫名其妙地說出「Rosebud」（玫瑰花苞）一詞，而一名記者為了探究其中真義，遍訪大亨的朋友們，從而倒敘出大亨一生的不凡經歷。

3 **夏拿都（Xanadú）** 即元朝的上都，源自蒙語。元世祖忽必烈即位以前（一二五六年），命劉秉忠建王府於此，一二七九年滅宋後，改為陪都，作為避暑行宮，夏天在這裡處理政務。上都廣為西方人認識，原因是十三世紀馬可・孛羅於此地覲見忽必烈，於其《遊記》中記載都城生活的奢華：「內有大理石宮殿，甚美，其房舍內皆塗金，繪重重鳥獸花木，工巧之極，技術之佳，見之足以娛人心目。」十八世紀英國詩人柯立芝（Samuel Taylor Coleridge）在看過《遊記》後，於其詩篇中讚美：「上都坐忽必烈汗，恢宏皇城樂禦邦」。後來西方人即以「Xanadú」比作「世外桃源」。

4 **湯尼・杜韋特**（**Tony Duvert**，一**九四五—** ） 法國作家，善辯論，其作品常常引起爭議，如一些引導小孩認識自己身體和性別的書籍。

5 **馬丁・布伯**（**Martin Buber**，一**八七八至一九六五**） 奧地利籍以色列人，猶太哲學家、翻譯家、教育學家，作品主要集中在宗教自覺的有神論、群體和人際關係。代表作《我與你》（*I and Thou*）。

6 **斯賓諾莎**（**Benedict de Spinoza**，一**六三二至一六七七**） 十七世紀唯理性主義者，哲學史上最完善的形而上學體系之一的創建人。他的著名作品是《倫理學》（*Ethics*）。

chapter

5

物質與幸福

當我們像對待物品一樣與他人交往，我們就永遠也得不到人所能展現的最精微的才能。我們得不到友誼、尊重，更不用說愛了。

倫理最重要和不可或缺的條件是，堅持不以一種隨意的方式生活：確定並不是一切都無所謂，儘管我們遲早都會離開這個世界。

電影《大國民》看得怎麼樣？你對主角凱恩有什麼看法？我們還是先來簡單回顧一下前面講的問題。《聖經》裡的獵人以掃相信剩下的日子橫豎是一樣過法，於是聽從雅各的建議，放棄長子名分換來一碗紅豆湯（雅各在這一點還是挺慷慨的，給他盛了兩次）。另一位，《大國民》裡的凱恩，多年來一直致力於出賣所有人以買進貨品，在生命的最後關頭，他終於承認，願意用他滿庫貴重的寶貝，去交換唯一一件卑微的東西——一架舊雪橇。這架雪橇讓他想起某個人——他自己，在他全力投入購進賣出之前還曾愛過與被愛過，這遠勝於擁有或操縱的快感。

不管是以掃還是凱恩，他們都相信要「**做自己想做的事**」，卻沒有一個達成「**給自己一份好生活**」。要是問他們真正追求什麼，猜想得到的答案跟你一樣（或者當然了，也跟我一樣）：「我想給自己一份好生活」。結論是：顯然我們都知道自己想要的（贏得好的生活），但卻又不甚瞭解這「好生活」到底是什麼樣子。問題就在於：人們嚮往的「好生活」，不同於想要的隨便一件東西，比如紅豆湯、名畫、家電用品或金錢，這些喜好都只是**簡單**說說而已，關注的是現實的某個方面，沒有從全局出發。一個饑餓的人想喝湯並沒有錯，這無可厚非，但是這個世界上還有別的東西、別的關係、對過往應有的尊重和被未來激發的嚮往——怎麼說呢，還有很多很多你能想到的一切。總之，人並不僅僅是為了一碗紅豆湯而活。為了獲得他的紅豆湯，以掃犧牲太多他生活中重要的部分，把他的生活過於簡單化了。就像我向你描述過的那樣，他所採取的行動，是在死亡逼近的沉重負擔下做出選擇。死亡是一個巨大的簡化器：當你馬上就要撒手西去的時候，沒有什麼東西會值得留戀（也許能讓你苟延殘喘的藥物、最後一次填滿你肺部的空氣等除外）。與之相反，生活是一個複雜體，而且往往會變得越來越**複雜**。如果你想逃避它的糾結、尋求無上的簡單（紅豆湯啊！），你就別想還要過得更久更好，而只可能馬上咽氣。我們已經反覆說過，我們真正想要的是好生活，而不是速死，所以以掃算不上我們的好榜樣。

想擁有更多、再多

凱恩也把問題照自己的方式給簡化了。與以掃不同的是，他不是浪費，而是處心積慮、苦苦積累。他追求的是操縱他人的權力，和購買貨物（許許多多美麗而且也許有用的物品）的金錢。你要注意，我可沒有反對賺錢、或是反對收集漂亮藏品的意思，我也不相信那些聲稱對金錢不感興趣、什麼都不需要的人。儘管我不是天生富貴，可也不喜歡一貧如洗，假如明天強盜洗劫了我們家、偷走我的書（不過恐怕帶不走多少），我也會失魂落魄。但是，想擁有更多、再多（錢或某物）的欲望，在我看來也是不健康的。事實上，我們手中的所有物，同時也在佔有著我們，就像一股相互的張力：我們擁有的也擁有我們。這裡我可以舉個有趣的例子來解釋一下。

一天，一位佛家得道之人對他的徒弟講到這個道理，徒弟也用你讀到這裡時的表情一臉驚訝地望著他（「師父該不是瘋了吧？」）。

於是禪僧問徒弟：「這個房間裡你最喜歡什麼？」

機靈的徒弟指指酒杯，它以黃金和大理石製成，肯定價值不菲。

「那好，拿走它吧。」僧人說。

徒弟不等吩咐第二遍，立刻用右手緊緊抓住那個寶貝。

「你不想放開它吧？」師父語帶譏諷，接著問道，「沒有別的你喜歡的了嗎？」

徒弟承認，桌上那個脹鼓鼓的錢袋，也不惹他討厭。

「沒關係，你也拿去吧！」師父鼓勵道。

於是小徒弟又用左手欣喜地奪過錢袋。「現在呢？」他有點緊張地問師父。

「現在你試著撓撓自己。」

他當然做不到了，除非他能放下自己緊抓的東西！一個人在身上發癢的時候需要撓一撓，心裡癢的時候也一樣；但若兩隻手都被佔住，他就不能痛痛快快替自己抓癢了——其他別的動作也都無法做到。我們緊緊抓住的東西，也用它的方式把我們抓住了，或者說，如何不要做得太過頭，才是更需要注意的問題。在某種意義上，這也是凱恩的癥結所在：他的雙手和靈魂都佔滿了財物而不留空間，當他突然感到奇癢難耐時，竟不知用什麼來抓撓。

生活遠比凱恩預想的複雜，因為雙手不僅要用來拾撿，也要用來抓撓和撫摸。但這個人物的根本錯誤，如果我沒弄錯的話，還在其他方面：頑固地追求金錢和財物、對待他人像對待無生命物體一樣，他認為這就是對他們擁有**權力**。多麼嚴重的簡單化啊——實際上，這也是生活最大的複雜性——人並不是物。起初也許還沒什麼問題：東西可以買，可以賣，凱恩對人也一樣購進賣出，短期內似乎沒有任何區別。物品在使用過程中被消耗，最後被拋棄，凱恩對周圍的人採取同樣辦法，對自己說一切運轉正常。他試圖像佔有物品一樣去佔有人，去控制他們、操縱他們，讓他們聽任他的擺佈。不僅對待情人是這樣，對待朋友也是這樣，職員、政敵、一切活物……無一例外。他顯然對大家造成了很大傷害，但從他的角度（你知道，一個我們假設也想給自己「好生活」的人的角度）來看，最糟糕的是他對自己非常不滿意——我會儘量解釋這一點，因為在我看來這一點非常重要。

「物」沒辦法給你「人」能給的東西

你得明白一件事：從一件物品（哪怕是世界上最好的物品）身上，只可能取得物品。沒有人能無中生有，對吧？更不用說，沒有什麼能變出任何它不是的東西。比如，紅豆湯可以解饑，卻不能幫助學習法語；而錢呢，幾乎可以做任何事，除了真正的友誼（錢財只能收買奴性、妓女的陪伴，沒別的好事）。還有什麼呢，對了，再比如一張光碟可以拷貝某首歌給另一張，卻不能給它一個吻。如果我們人類夠單純的話，事物提供的已經夠了，但這裡正存在我跟你提過的複雜性：**由於我們不是純粹的，我們總是會需要一些事物所不具備的「東**

西」。當我們像對待物品一樣與他人交往，就像凱恩所做的那樣，我們從中收到的，也將同樣是物品的待遇：他們受到擠壓、榨出錢、為我們服務（好像機器一樣），只要按下相應的鍵就能進進出出、與我們爭執或朝我們微笑。但以這種方式與人相處，永遠也得不到人所能展現的最精微的才能。我們得不到友誼、尊重，更不用說愛了。沒有一件物品（哪怕是動物，因為牠們和我們的條件實在相差太大），能給我們友誼、尊重和愛。總之，這個基本的複雜性只存在於同類之間，存在於像你、我和凱恩這樣的人、被當作人來對待的人之間。交往是很重要的，因為我們說過，人類是在相互「人類化」。在像「人」而不是像「物」一樣交往的時候（也就是考慮到別人想要的、需要的，而不只是我能從他們身上獲取的），我也在努力實現做到一個人能對另一個人所做的事。

凱恩忽略了這個小細節，後來發現（可惜為時過晚）他擁有一切，唯獨缺乏只有人才能給予的東西——真誠的欣賞、自發的關心，或者僅僅是**用心的陪**

伴。由於在他眼中除了錢什麼都不重要，所以關心他的，除了錢，也就沒有一個人。這個大人物也知道是他自己的錯。我承認，有時確實有人把對方當「人」對待卻只受到打擊、背叛和利用，但即便是在這種情況下，我們至少仍有一**個人**的尊重，哪怕只有一個——我們自己。只要沒有把活人當成死物，我們起碼就維護了自己不成為他人的死物的**權利**。我們努力讓人的世界——一些人用某種方式對待另一些人、也是唯一可以真正**好好生活**的世界——成為可能。我猜想，凱恩臨死前的絕望，不僅出於失去了溫柔的人際關係，更在於他堅持放棄它們，窮其一生去踐踏它們。實際上並不是他沒有，而是他自己發現，他已經**不配**擁有。

但是你會跟我說，肯定有很多人都會羨慕百萬富翁凱恩，他們心裡會想：「這人可真會生活。」那又怎麼樣呢？快快醒來吧，天真的孩子！從外表看，很可能人們會羨慕某人，卻毫不知情此刻癌細胞正在他體內擴散。你情願取悅別人而不是滿足自己嗎？凱恩獲得了他所「**聽說**」能使人幸福的一切：金錢、權勢、影響力、臣服者。但最後他卻發現，不管別人怎麼說，他缺少了最根本的東西：真正的關心、尊重、甚至是自由人（那些他應該當作人而不是物的人）的愛。也許你會跟我說，凱恩的例子比較極端，就像電影裡的主角一樣，其實很多人住在這樣的宮殿，享受著如此的奢華，都會感到非常滿意。「大部分人」——你可能會帶著諷刺的意味對我肯定——根本不會想起「玫瑰花苞」這架雪橇。所以凱恩肯定是瘋了，手裡捧著這麼多東西竟然還覺得自己不幸！聽我說，讓人們安靜會兒，你就想想你自己吧。你想要的好生活，是像凱恩這樣的嗎？或者你願意接受以掃的紅豆湯？

內心真正想要的幸福生活

你先別急著回答。倫理學探究的正是排除人們的講述或電視廣告之後，我們**內心深處**真正想貼近的幸福生活。現在我們已經知道，**任何好生活都不能缺了**

「**物**」（**我們需要紅豆湯，它富含鐵元素**），**但更不能缺了**「**人**」。對待事物需要採取對待事物的方式，對待人也要有相應的態度；這樣，事物可以在很多方面幫助我們，而人的作用則體現在一個根本的方面——作為**人**。沒有任何物可以取代。是我自己瘋癲了還是凱恩呢？也許做人並不重要，因為不管是否願意，我們已經無可挽回地成「人」了。但這個「人」，可以是像個物的「人」、像個人的人；是僅僅關心贏得生活中的外物且多多益善的人、或是在群體中**享受**人們的人。請你不要**自降身價**，讓那些大賣場降價促銷去吧，你的價值就是你的。

我同意你說的，「很多人並不在意你這會兒正在講的事」。可你真會相信他們嗎？他們是腦筋靈活，還是不夠關注他們的生活這個最重要的課題？他們可能在生意場中精明能幹，在政壇上遊刃有餘，但卻在更嚴肅的問題上——生活好壞——是笨蛋一個。凱恩在錢和人的操縱上都游刃有餘，但到最後他才意識到，自己從一開始就弄錯了。他在本該做好的事情上馬失前蹄。我再重複一遍這個問題上的關鍵字：**注意力**，不是貓頭鷹那樣只盯著看不說出來的注意力，而是隨時準備好反思「我們所做的事」和努力儘量貼近「我們想過的好生活」的含義，避免舒適而危險的簡單化，爭取理解生活（我指的是像個「人」那樣生活）這件事的複雜性——可別小看它，它真的格外複雜。

我相信，倫理最重要和不可或缺的條件是，堅持不以一種隨意的方式生活：確定並不是一切都無所謂，儘管我們遲早都會離開這個世界。當人們談論「道德」的時候，通常指的是那些必須被尊重的命令和習慣，至少表面看來是這樣，而且常常不問為什麼。但也許最難的並不是陷入一項規則，或違反已有的秩序（其實也是一種陷入，只不過是朝另一個方向），而是如何努力去**理解**——理解為什麼某些行為可以做、某些就不行；理解生活從何而來，理解什麼可以讓人類生活得更美好。這樣做的前提是：不要滿足於當「老好人」，在人前「表現好」，或是得到大家的贊許。當然，這必須要求不只是堅持執行「貓頭鷹計畫」或是反對像機器人那樣毫無反抗的順從，還包括與人交談、說理、傾聽，只不過每個人必須要努力讓自己做出決定：**沒有人可以代替你去擁有自由**。

現在我留兩個問題讓你自己「反芻」一下：第一，為什麼「壞」會成其為壞？第二，把人當「人」一樣對待，應該怎麼做？如果你對我還有耐心，我們將一起在後面兩章回答這些問題。

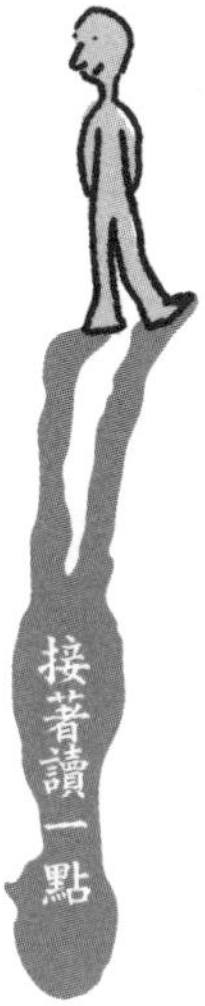

人之所以合群，是由於他的身體柔弱；我們之所以心愛人類，是由於我們有共同的苦難；如果我們不是人，我們對人類就沒有任何責任了。對人的依賴就是力量不足的表徵：如果每一個人都不需要別人的幫助，我們也就根本不想和別人聯合了。所以，從我們的弱點的本身中反而產生了微小的幸福。一個孤獨的人才是真正幸福的；唯有上帝才享受了絕對的幸福；不過，我們當中誰知道這種幸福是什麼樣的呢？一個力量不足的人即使自己能夠滿足自己的需要，照我們想來，有什麼樂趣可說呢？也許他將成為一個孤孤單單、憂憂鬱鬱的人。我認為，沒有任何需要的人是不可能對什麼東西表示喜愛的：我想像不出對什麼都不喜愛的人怎麼能過幸福愉快的生活。

——盧梭❶，《愛彌兒》（*Émile*）

理性既然不要求任何違反自然的事物，所以理性所真正要求的，在於每個人都愛他自己，都尋求自己的利益——尋求對自己真正有利益的東西，並且人人都力求一切足以引導人達到較大圓滿性的東西。並且一般講來，每個人都盡最大的努力保持他自己的存在。……所以，除了人外，沒有別的東西對於人更為有益。因此我說，人要保持他的存在，最有價值之事，莫過於力求所有的人都和諧一致，使所有人的心靈與身體都好像是一個人的心靈與身體一樣，人人團結一致，盡可能努力去保持他們的存在，人人都追求全體的公共福利。由此可見，凡受理性指導的人，亦即以理性作指標而尋求自己的利益的人，他們所追求的東西，也即是他們為別人而追求的東西。所以他們都公正、忠誠而高尚。

——斯賓諾莎，《倫理學》

確實，當一個人將沉重的貧困像財富一樣招搖，這份財富就像我們說的發燒，因為是它把我們控制住了。

——塞內卡，《給盧西裏奧的信》

注釋：

1 **盧梭**（Jean-Jacques Rousseau，一七一二至一七七八） 近代哲學家。盧梭的思想標誌著理性時代的終結和浪漫主義的誕生。他把政治思維和倫理思維推向新的方向。他教導父母們對待孩子要不拘陳規，因材施教；他深化了友誼和愛情中的情感表現而不是拘謹禮讓的束縛。他在那些業已摒棄了宗教教條的人們中間引入了宗教情感的狂熱崇拜。他使人們睜開雙眼，面對自然的絢麗多姿，亦使自由成為一個幾乎是人們普遍渴望的目標，他對人們的生活方式有深遠的影響。

chapter

6

自由的責任

拒絕再尋找假裝無辜的「不在場證明」，理智地擔當起我們每一件行為的後果。

自由的嚴肅性在於，我進行選擇和行動時，這個自由的動作，就限制了其他動作的可能。

你知道我們這輩子唯一的一項**責任**是什麼嗎？那就是不當笨蛋。「笨蛋」這個詞其實比它看起來要更有內涵，你別不相信。它源於拉丁語baculus，意思是「拐杖」——其實，笨蛋就是需要拐杖來走路的人。希望跛子和老人們不要生我們的氣，我們這裡說的「拐杖」可不是理直氣壯地被用來支撐、或是給因為事故或時光摧殘的身體向前移動的工具。笨蛋可能異常靈活，跑起來就像奧林匹亞山上的羚羊，但這不是問題的關鍵所在：笨蛋不是身體跛而是心跛，哪怕能夠用手撐地在空中轉出漂亮的「風車」動作，他們的精神也是一瘸一拐的。

笨蛋有很多種，試舉如下：

一、相信自己什麼都不想要、一切都無所謂的人：儘管睜著眼睛、沒發出鼾聲，其實永遠處於哈欠或午睡之中的人。

二、什麼都想要的人：人們給他的東西或是沒有給他的東西；離開、留下；跳舞、坐著；嚼大蒜、給香吻……明明互相矛盾但統統一起都要。

三、不知道自己想要什麼也不願去追問的人：他模仿別人的喜好做事或是背道而馳，總之，一切都由周圍絕大部分人的意見所左右，他是不思考的順從者或是無來由的反抗者。

四、知道自己想要什麼、為什麼想要，卻意念不堅定的人：帶著恐懼或不堅定，結果最後總是做著自己不喜歡的事，把真正的嚮往留待來日，並且自以為或許這樣比較合群。

五、喜歡堅定勇猛的人，制定大膽的計畫，但在什麼是現實的問題上自欺欺人且沉醉不醒，完全弄錯方向，把「好生活」跟足以摧毀他的東西混為一談。

小心，別當笨蛋！

所有這些笨蛋的類型都需要拐杖，或者說需要外物的支撐，當然也就缺乏自由和自省。很遺憾地告訴你，不管一般人怎麼說，笨蛋們通常都沒有好下場。我講的「下場不好」，不是指進了監獄或被雷擊中（這是電影裡的情節），而是提醒你，他們會把事情搞得一團亂，永遠達不到「好的生活」——這最吸引你我的東西。更遺憾的是，我還必須告訴你：幾乎所有人都會犯傻，真的，至少我就會，而且還不止一次。希望你在這方面的情況能好些。結論是：小心別當笨蛋，犯錯無可挽回！

你可別把我說的這種「笨蛋」跟平常說的「笨蛋」搞混了，也就是說，那種不懂事，不會平面幾何，或記不住法語單詞aimer虛擬式的變位……一個人可能在數學上很笨（我就是這樣！），但在道德上（即有望達成「好生活」的方面）卻沒有問題；或者正相反，生意場上精明得像狐狸，遇到倫理問題卻如同白癡一個。世界上有的是諾貝爾獎得主，在他們的專業中可謂是聰明絕頂，但也照樣可能會在我們這裡所關心的問題上摔跤、需要拐杖。當然，為了避免在任何方面犯傻，必須保持注意力集中，像上一章講的那樣，並盡一切努力去學習。在這些條件上，無論是物理學、考古學，還是倫理學，都是一樣的。但好好生活的「生意經」，可不像二加二等於幾那樣簡單。當然，知道二加二等於幾也是件好事，不過，倫理白癡卻不是這點聰明就能治癒的。（對了，我在想：二加二等於幾呢？）

與倫理學上一無所知相對的，是有意識。但自覺意識不是像樂透彩那樣，輪到你就是你，或是像天上掉下來的餡餅，落到你嘴裡的就是你的。當然，必須承認，有些人從小就有較好的倫理「聽力」和天生的「好品味」，但這種聽力和品味完全可以用練習來發現和發展（就像對音樂的聽力和美術的品味一樣）。可是如果有人在「好好生活」這個問題上完全缺乏這種敏銳呢？嗨，孩子，那可就有點麻煩了。一個人可以根據歷史、形式和色彩的和諧，或者隨便什麼原則，論證維拉斯奎茲❶的一幅畫比忍者龜的彩色石印畫更有藝術價值；但如果經過大量論述講評之後，還有人說忍者龜的彩畫比《宮娥》這幅名畫更好，我也不知道該如何去糾正他的「錯誤」。同樣道理，如果一個人不認為為了爭一根棒棒糖把孩子敲死有任何錯，那我想，我就是說到嗓子啞了也說服不了他……

是的，我承認，要達到自我覺醒，需要一些天生的素質，就像欣賞音樂和美術作品同樣需要一些天生的素質一樣；我也承認，某些社會和經濟條件會有利於它的培養，因為如果從搖籃時代開始就被斷絕人類所必需的條件，確實很難要求他像其他幸運的人那樣，去理解關於「好生活」的問題。如果沒人把你當人看待，你變成野獸一點也不奇怪，但只要具備這個最基本的條件，其他一切就都取決於每個人自身的注意力和努力了。你可能會問：這種可以把我們從倫理白癡的狀態中解救出來的自我覺醒，是由什麼構成的呢？它有以下幾個基本特徵：

一、知道並非一切都無所謂，因為我們真的想活下去，而且想要活得好，像一個「人」那樣的活著。

二、做好準備，**檢查**我們做的是否真正符合我們想要的。

三、在練習的基礎上，培養倫理的**好品味**，達到某些事不自覺地就會被我們**排斥**（比如一個人想到撒謊就噁心，好像在馬上就要吃的湯鍋裡撒尿一樣）。

四、拒絕再尋找假裝無辜的「不在場證明」，理智地擔當起我們每一件行為的**後果**。

你可能發現了，我並沒有利用這些描述性的特徵，來灌輸在自我意識和愚鈍之間如何取捨。我們稱為「壞」的東西為什麼**壞**？因為它不讓人過我們想要的好生活。那麼，是要為了某種**自私**而避免壞嗎？正是。一般來說，「自私」這個詞總有一個不好的名聲：我們把總是想著自己而不考慮別人的人稱為「自私」，因為他們只要可以從中獲利，甚至可以偷偷搞破壞。在這種意義上，我們可以說《大國民》的凱恩，或者卡利古拉❷──那位以滿足自己任性為目的、可以幹出一切荒唐事的羅馬皇帝──是自私的。這些人物通常被認為是自私的（甚至可以說自私得像**怪物**），所以當然也就不在倫理自覺者或收斂劣跡者之列。

很好，但問題是：這些所謂的自私者，真的像看起來那麼自私嗎？誰是真正的自私者？或者說，誰可以自私卻不是笨蛋？我覺得答案很明確：**想為自己追求最優的人**。那什麼是最優呢？就是那個我們稱作「好生活」的東西。凱恩享受到它了嗎？如果我們相信導演奧森・威爾斯講述的故事，那他就沒有。他堅持像對物一樣對人，所以最後沒有收到生活中任何人類想要的禮物，比如別人給予的真誠親熱，或是不帶心機的友誼。卡利古拉就更不用說了，可憐的人，多悲慘的生活！他在別人心裡激起的唯一真實的感情，就是恐懼和仇恨。只有做一個笨蛋、倫理白癡，才會以為活在驚懼和殘酷中，會比被愛和感激包圍更好！卡利古拉當然替自己安排了很多防備，但如果想透過胡作非為替自己得到一份好生活，他不過是一個自私渺小的醜八怪！如果他真的為自己考慮過（或者說有一點自覺意識），他就該知道：人類為了好好活著所需要的是，自己爭取到別人給予的一些東西，絕非靠暴力或欺詐就能**奪得**。

「自私」會讓人變成自己的敵人

當人劈手搶奪時，這些東西（尊重、友誼、愛），便會失去它們自身所有的好品質，時間一長也就變成了毒物。像凱恩或卡利古拉那樣的自私者，就像電視益智競賽節目裡的選手，想搶到大獎卻選錯了號碼，最後只拿到不值幾文的獎品。

對於知道自己想要什麼合適的東西，以便好好生活並努力去爭取的人，我們應該稱作「徹底的自私者」。那些厭倦了所有讓他感覺不好的東西（仇恨、犯罪的衝動、淚水換來的紅豆湯等等）的人，內心裡是想自私的，只是他們沒有意識到這一點。他們都屬於「笨蛋同業公會」的成員，應該開一個「自覺意識」的藥方讓他們更愛自己，因為這些小可憐們（哪怕是一個百萬富翁小可憐和皇帝小可憐）自以為很愛自己，其實對真正適合自身的事情實在是關注得太少太少，他們的所作所為，更像是在跟自己作對。理查三世，莎士比亞同名悲劇中的著名人物，就曾這樣承認。為了當上國王，格洛斯特公爵（最後加冕成為理查三世）消滅了所有可能成為他稱王路上障礙的男性親屬，甚至連年幼的孩子都沒有放過。格洛斯特生來非常聰明，但卻是個駝背，這成為他自尊中一根不時隱隱作痛的肉刺。他認為，在某種程度上，王權可以彌補身體的畸形和隨之而來的跛足，於是就想以此贏得體貌沒有為他帶來的**尊重**。在他的內心世界裡，格洛斯特同樣希望**被愛**，但是由於身體殘疾而感受到的孤立，使他錯誤地相信：「愛」可以用暴力，或是透過權力，**強加**在別人身上。當然，他失敗了，雖然最終取得了王位，卻沒有任何人願意親近他，他給人帶來的只有恐懼，繼之以仇恨。最糟糕的是，他出於絕望的自愛，犯下了無數罪行，最終連他也懼怕和仇視自己。他不僅沒有交到新朋友，還失去了曾經以為穩固的唯一的愛。也就是在這個時候，他為自己的病症做出了可怕的寓言式診斷：「我將帶著黑色的絕望，撲向我的靈魂，最後變成自己的敵人死去。」

為什麼格洛斯特會變成「自己的敵人」？難道他沒有得到他所嚮往的王位嗎？他的確得到了，但他為此付出的代價卻是不再被其他人類同伴愛和尊重。一個王位，並不能自動授予真正的愛和尊重，相反的，它只保障了諂媚、敬畏和臣服——尤其是在它是理查三世經由為非作歹才得到的情況下。它不僅不能以某種方式彌補他身體上的扭曲，反而使他**從內心深處**更加扭曲。駝背和跛足都不是他的錯，他沒有任何必要去為這不幸的偶然性感到羞恥；反倒是由於這種原因而嘲笑和輕視他的人，才應該感到害臊。從外表看，人們覺得他畸形，但他的內心完全可以是睿智的、慷慨的、值得被愛的，他應該努力用自己的行為去展現自己這乾淨、正直的內心——他真正的「自我」。但他的所作所為卻恰恰相反，他的罪惡，讓他眼睜睜地看著自己（當向內審視時，他是自己內心唯一的證人），變成了一個比任何生理殘疾的人都令人厭惡的怪物。為什麼？因為道德上的駝背和跛足是他自己的責任，不同於其他來自自然機率的安排。沾滿背叛和鮮血的王冠，不是把他加封得更加**受人愛戴**，而是越來越可恨——他現在比任何時候都更不值得人愛，甚至自己都不願憐惜自己。難道我們不應該把這些讓自己如此受傷的人，叫作「自私」嗎？

在上面一段中，我用了一些很「重」的詞（也許你已經注意到了，如果你忽略了，那真是太不走運了），像「過錯」或「責任」。聽起來，它們常常跟「自覺意識」一類的東西有很大關聯，對吧？你可以想想像小木偶皮諾丘的蟋蟀❸或與他相似的那類人物，經常掛在他們嘴邊的那些話。我還要提一個這一類中最「醜」的詞：**內疚悔恨**。毫無疑問，最令格洛斯特的生活飽受煎熬、不讓他享受王位和權力的，首先是他自覺意識中的悔恨。現在我問你：你知道這些悔恨從何而來嗎？也許你會說，這是我們**害怕**可能受到的懲罰而做的內心反省，因為我們做的壞事可能在現世、或是死後的地獄（如果有的話），遭到報應。但我們假設格洛斯特並不害怕人類正義的報復，也不相信任何神明會為他的惡行宣判永恆的烈焰烤炙，可他仍然出於悔恨而悶悶不樂。注意：一**個人即使有足夠的理由相信，沒有什麼事或人能對自己採取報復**，也有可能在心底遺憾自己做了錯事；這也就是說，做了錯事並意識到之後，我們其實已經得到懲罰，已經或多或少地在意志上**傷害**了自己。讓一個人意識到他在用自身行動抵制其想要的東西，沒有什麼懲罰會比這更大的了。

隨時都準備好承擔後果

那麼悔恨從何而來？對我來說這很清楚：它來自我們的**自由**。如果我們不自由，我們會一丁點兒負罪感都感受不到（當然也不會有什麼自豪可言），於是我們也就可以順理成章地躲開內疚。所以當我們意識到自己做了什麼**丟臉**的事，我們會努力證明：當時除了這樣做之外，沒有別的辦法，我們別無選擇：「我只是在完成上級交代的任務」、「我看見所有人都這樣做」、「我犯糊塗了」、「他比我更強」、「我沒有意識到自己做的事」等等。出於同樣道理，小孩子不小心把好不容易從櫃子上拿到的果醬瓶摔破在地上時，往往會哭著喊著：「不是我（做的）！」他之所以會這樣喊，其實正因為**他知道就是他**（**做的**），如果不是這樣，他才懶得去辯解什麼呢，說不定還會站在一旁拍手大笑。反過來，如果是他畫了一幅很漂亮的畫，他馬上就會大喊大叫：「這是我自己畫的，沒有人幫我！」就這樣，我們一天天地長大了，總是希望能夠自由地把獲得的獎賞都歸功於自己，而在做出不太光彩的個人行動時，則習慣宣稱那是「環境所迫」（「身不由己」）。

我們還是趕緊用一陣新鮮的清風，吹走笨嘴拙舌的蟋蟀吧，我從來都不喜歡牠，就跟我從來都不喜歡另外一種讓我討厭的小蟲子——寓言裡的螞蟻一樣，牠讓小傻瓜蟋蟀整整一個冬天沒吃沒住，只為了給人一個冷酷的教訓。牠想教導的是要嚴肅地對待「自由」，或「**負責任**」。自由的嚴肅性在於，它有無可爭議的**效果**，一旦發生，便不能輕易抹去。吃不吃面前的餡餅，完全取決於我，但只要我吃了，我就在「要不要吃擺在面前的餅」這樣的問題上失去了自由。我再給你舉一個例子，亞里斯多德（你已經認識了這位設想出在暴風中行船的故事的老希臘人）說：如果我手裡有一塊石頭，我可以留著它或扔了它，但只要我把它遠遠地扔出去，我就不能再令它回到我的手中，更別提如果它落在誰的腦袋上了。是吧？自由的嚴肅性在於，我進行選擇和行動時，這個自由的動作，就限制了其他動作的可能，而在承認是否有責任之前，是沒有辦法得到確鑿的結果。也許這可能會騙過不瞭解情況的局外人，就像小孩子假稱「不是我」，但對我自己來說，從來都不可能瞞得過什麼。不信你可以問問格洛斯特，或者去問問皮諾丘！

所以，我們叫作「悔恨」的東西，僅僅是錯誤地行使自由時，或者說當我們的使用與人類內心真正想要達到的目的相左時，我們對自己感到的不滿。而「負責任」，就是知道身心確實自由——它所帶來的影響，可好可壞：比如，勉強忍受自己行為的後果，或是亡羊補牢彌補壞的影響，或是盡最大可能享用好的結果。不同於教養不好又怯懦的小孩，有責任感的人，隨時都準備好為他的行為**承擔後果**：「對，是我幹的！」你只需稍稍留意一下，就可以發現：環繞我們身外的這個世界，充滿了企圖從責任的重壓下逃跑的想法。產生壞結果的原因，似乎是形勢糟糕、社會逼迫、資本主義制度、我的性格（可惜天生就這樣！）、我沒被教好（或是我被寵壞了）、電視裡的廣告、櫥窗裡的誘惑、不可抗拒的惡例……我剛剛用了一個這類判斷中的關鍵字：**不可抗拒的**。所有希望推卸責任的人，都相信「不可抗拒」那些他不得不屈服的條件，無論是廣告、毒品、胃口、賄賂、威脅、處事方式或其他……不一而足。當「不可抗拒」出現時，一個人就開始變得不自由，變成了一個傀儡，沒法去做任何自主行為。仰賴權威主義的信徒們，堅定地相信不可抗拒性，認為有必要禁止一切可能的征服者：只要員警消滅了一切誘惑，就不會再有任何犯罪和錯誤！當然，也將不再有自由，但有得必有失……這樣一來，雖然還有遊蕩的誘惑，但責任在於沒有及時禁止它的人，而不是向它投降的人，可不是讓人輕鬆多了！

如何才能有純粹崇高的自由

如果我告訴你，這種所謂的「不可抗拒」，其實不過是一種**迷信**，是那些懼怕自由的人編造出來的呢？如果那些為我們的責任開脫的條例和理論，並不能讓我們感到輕鬆愉快，而只不過是讓我們意識到自己更加奴化呢？如果期待所有人都規規矩矩，以便讓他自己愛怎麼做就怎麼做的人只是笨蛋，或者是淘氣鬼，或者兩者兼而有之（這也是有可能的）呢？如果無論怎樣三令五申，無論有多少員警監視，我們還是可以做壞事，也就是說，逆我們自己的意願而行，只要我們願意呢？那麼，我要非常肯定地再告訴你一件事。

阿根廷偉大的詩人、小說家波赫士❹，在他一篇小說的開頭，以回顧往昔的筆調這樣寫道：「輪到他，就像對所有人一樣，去度過必須艱難度過的壞年頭。」事實確實如此，從來**沒有人**能夠一直生活在一個什麼都對自己有利的時代，沒有人能夠總是輕鬆為人，日子順當。不論在什麼時代，也不論是在誰的生活中，都不可避免地有暴力、掠奪、膽怯、愚鈍（道德上的或其他的）、因為聽來順耳而被當作真理接納的謊言……沒有人會生來就被**贈與**人類夢想的好生活，也沒有人能在不用付出勇氣或努力的情況下就可以獲得利益——實際上，「美德」（virtud）從詞源學上來看，正是來自於「勇力」（vir），那是戰士在戰場上抵抗絕大多數人的雄壯的偉力。你討厭這樣的說法嗎？儘管去投訴吧！我唯一能向你保證的是，他從來沒在安樂園裡生活過。要過好生活的決定，需要個人根據自身情況，一天一天地做出，而不是空等統計資料覺得合適，或是全世界其他人求他趕緊去做時才去做。

「責任」的實質，如果你還想知道的話，並不僅僅在於承擔闖禍的責任而不往他人或環境身上推脫，真正負責任的人，清楚地知道他的自由是**純粹崇高的**：既是真正的，又是國王般不可侵犯的，使人得以做出決定而不受上面任何人的命令擺佈。「責任」，就是知道：我的每一個行動，都在構成、定義、**創造**一個「我」。一次次選擇我想做的，我就在漸漸**轉變**成形（成為「我」）。當我做的決定，在為周圍的世界留下痕跡之前，首先是在我的身上留下痕跡。當然，一旦開始運用自由來刻畫我的臉，我就不能在自己「心」鏡的觀照中再為它的結果驚嚇抱怨。如果我做得好，「做錯」就會越來越難（不幸的是，反之亦然）；所以，理想的狀態就是，慢慢養成好好生活的習慣。當西部電影裡的主角有機會朝壞人背後開槍，卻說「我不能這樣做」的時候，我們都明白隱藏在他話語背後真正想要表達的意思。開槍，僅就這個動作而言，一點不困難，但他沒有這個（朝人背後開槍的）習慣，這就是歷史的好處！他想忠實於自己選做的那種人格，忠實於自己多年前自由形成的那種人。

如果這一章寫得太長了，請原諒我不知不覺就變得過於激動起來，實際上我確實有很多話想跟你說。現在還是到此為止吧，我們先休息，因為明天我還想跟你討論一下，什麼是把人當「人」對待——這是一個比較現實的說法，或者用你的話來說，一種善意的說法。

「不要讓別人做你不希望被強迫做的事」，是倫理學的基本原則之一。我們同樣可以肯定：所有你讓別人做的事你自己也在做。

——佛洛姆，《心理分析與倫理學》

「所有人，當他幫助別人時也就是在幫助自己；所有美德的價值在於美德本身，因為它不是出於獎賞的驅使——做好事所得的回饋。

——塞內卡，《給盧西裏奧的信》

呵，良心是個懦夫，你驚擾得我好苦！藍色的微光。這正是死沉沉的午夜。寒冷的汗珠掛在我皮肉上發抖。怎麼！我難道會怕我自己嗎？旁邊並無別人哪，理查愛理查；那就是說，我就是我。這兒有兇手在嗎？沒有。有，我就是；那就逃命吧。怎麼！逃避我自己的手嗎？大有道理，否則我要對自己報復。怎麼！自己報復自己嗎？呀！我愛我自己。有什麼可愛的？為了我自己我曾經做過什麼好事嗎？呵！沒有。呀！我其實恨我自己；因為我自己幹下了可恨的罪行。我是個罪犯。不對，我在亂說了；我不是個罪犯。蠢東西，你自己還該講自己好呀；蠢才，不要自以為是啦。我這顆良心伸出了千萬條舌頭，每條舌頭提出了不同的申訴，每一條申訴都指控我是個罪犯。犯的是偽誓罪，偽誓罪，罪大惡極；謀殺罪，殘酷的謀殺罪，罪無可恕；種種罪行，大大小小，擁上公堂來，齊聲嚷道：「有罪！有罪！」我只有絕望了。天下無人愛憐我了；我即便死去，也沒有一個人會來同情我；當然，我自己都找不出一點值得我自己憐惜的東西，何況別人呢？

——莎士比亞《理查三世》（*King Richard III*）

注釋：

1 **維拉斯奎茲（Diego Velazquez，一五九九至一六六〇）** 十七世紀最重要的西班牙畫家，以大量宮廷肖像畫聞名。最偉大的傑作之一即為《宮娥》（Las Menines）。

2 **卡利古拉（Caligula，十二至四一）** 羅馬皇帝。他即位七個月後忽然患了一場重病，病癒後，他重審一些謀反案，手段極為殘酷。三八年處決把他扶上皇位的禁衛軍長官，並殺死原皇位繼承人的孫子。同年八月在亞歷山大對猶太人進行屠殺。四一年卡利古拉被近衛軍大隊長刺殺，年僅二十九歲。

3 **皮諾丘的蟋蟀** 義大利作家卡洛·科洛迪（Carlo Collodi）的著名童話《木偶奇遇記》中會說話的蟋蟀，對皮諾丘提出忠告卻被拍死。

4 **波赫士（Jorge Luis Borges，一八九九至一九八六）** 拉丁美洲文壇最重要的代表作家。青少年時期就已遍遊歐洲各國。除了西班牙語，尚精通英語、德語、法語與拉丁語。他一生創作達八十七載，著作種類遍及小說、散文、詩歌、偵探小說、文學批評等。

chapter

7

站在他人的位置

像人一樣對人，究竟是怎麼一回事？答案是：努力站在他人的位置上。

承認一個人是自己的同類，首先意味著從他的內心去理解他的可能性，意味著在某個時刻站在他的視角去看我們置身的這個世界。

魯賓遜・克盧索❶被不幸的風暴吹到一個小島上。一天，他正在一片沙灘上散步。鸚鵡站在他的肩上，頭上遮陽的棕櫚葉環讓他為自己靈巧的雙手感到自豪。他想，面對這樣的情勢，能做到如此已經算是很不錯了——有地方躲避惡劣的天氣和野獸的襲擊，知道能從哪裡弄到吃的和喝的，身上有衣服蔽體，還利用島上的自然條件馴服了一小群羊。總之，他知道如何解決這一切，從而在海難發生後可以馬馬虎虎的隻身過活。魯賓遜繼續散著步，他滿足於劫後餘生的喜悅，甚至不再有其他念想。突然，他驚訝地停下腳步：潔白的細沙上，印著一個即將打破他平靜生活的記號——一個人的腳印。

它會是誰的呢？朋友還是敵人？也許是一個可以變成朋友的敵人？男人還是女人？他將如何去瞭解他或她？如何去與他或她**打交道**？魯賓遜從爬到島上的那一刻起，就習慣了自己問自己問題，並想出各種巧妙的解答：我吃什麼？我住哪裡？我怎樣才能不被太陽曬到？但現在情況不一樣了，因為他面對的不是饑餓、大雨或野獸那樣的自然事物，而是另一個人——也就是說，另一個魯賓遜或男女魯賓遜們。在自然環境和動物面前，魯賓遜的表現除了回應求生的本能外，無需任何負擔，問題僅僅在於是他戰勝它們，還是它們戰勝他。結果一清二楚。但在人類面前，事情就沒那麼簡單了，他當然要活下去，但不再是隨便**任何一種方式**。如果魯賓遜出於孤獨和不幸，變得像叢林中包圍他的其他野獸一樣，他就不會煩惱該把留下足跡的陌生人當成應該消滅的敵人，還是應當吞噬的獵物。但只要他還想繼續做人，他就不會把闖入者當成簡單的敵人或獵物，而是會將其當作對手或可能的同伴；而不管闖入者是這二者中的哪一種，都是他的**同類**。

魯賓遜孤身一人面對種種關於技術、機械、衛生甚至科學等各種問題，這些是在一個充滿敵意和陌生的環境中的**求生**問題。但當他在沙灘上看到「星期五」的足跡，他的**倫理**問題就來了。現在已經不僅僅是像一隻動物或一棵西洋薊那樣，迷失在大自然中然後求生，而是迷失在人類族群中。現在他必須開始**像人那樣生活**，也就是與人一起、或與人對立——這兩者都是在人群之中。在相互陪伴的時間中，使生命「人類化」的過程：說話、妥協、撒謊、被尊重、被背叛、愛、計畫、回憶過往、挑釁、歸於同類、玩耍、交換各種符號……倫理學不關心如何吃得更好、什麼是禦寒的最好辦法、或是怎樣渡河而不被淹死——這些問題對特定情況下的求生無疑都很重要——它所關心的、讓它成為**專業性**的，是如何把人的生活（即在人類中度過的生活）過好。如果一個人不知道怎樣在大自然的危險面前解救困厄，他便有可能失去生命，這是一件很惱人的事；但如果一個人對倫理學沒有半點概念，他失去或者浪費的就是他生活中的人性，而這一點，坦白地說，也不是什麼好事。

之前我已經跟你說過，海灘上的腳印，向魯賓遜暗示著這樣一個事實：一個具有潛在威脅性的**同類**正向他逼近。這裡我們先來看看，「星期五」在多大程度上能算得上是魯賓遜的同類呢？一位是十七世紀的歐洲人，擁有當時最先進的科學知識，接受基督教教育長大，熟悉荷馬神話和印刷術；另一位，南部海域的食人族，除了部落中口耳相傳的故事之外，沒有一點別的文化，多神信仰，完全不知道同時代其他大城市——諸如倫敦或阿姆斯特丹——的存在。表面上看來，他們兩人之間沒有任何共同點：膚色、口味、娛樂，甚至我們還可以肯定地說，兩個人晚上做的夢也會截然不同。但是，儘管存在這麼多的不同，他們之間也還是有一些相似的基本特徵，這是魯賓遜與島上任何野獸、樹木或泉水所不能共通的。首先，兩個人都能**說話**——雖然語言差異很大，但對他們來說，他們生活其中的這個世界，都是由符號和符號之間的關係構成的，而不僅僅是一些無名的純粹事物。另外，魯賓遜和「星期五」都可以評斷行為的價值，知道一個人可以做某些「好」的事，而與之相對的則是一些「不好」的事。乍看之下，兩個人認為「好」或「不好」的事並不太一樣，因為他們各自具體的價值標準，來自於相差極其懸殊的文化。比如說：吃人對「星期五」

是一個合理的、可以接受的習慣；但對魯賓遜（或者你我）來說，哪怕再貪吃，也會多多少少對此感到有些毛骨悚然。儘管存在這樣的差異，兩個人還是都承認有一個確定的標準可以用來判斷什麼是可以接受的、什麼是可怕的。他們可能會在討論問題時各執己見，但至少**能夠**互相理解討論的物件和內容，這可比人跟鯊魚或冰雹所能做的溝通要多得多，是吧？

你會跟我說：前面說得都對，但不管人類多麼相似，我們都無法事先保證用哪種方式跟他們打交道會比較好。如果魯賓遜在海灘上發現的足跡，來自一個企圖煮了他的食人族成員，他對陌生人的態度，可能就會跟他對最後前來營救他的水手的態度完全不一樣。之所以會這樣，正因為人往往比任何一種野獸或地震，都顯得更加危險。沒有比聰明的、會設陷阱的、有一千種騙術的敵人更難對付的敵人了。如果真的遇上，也許最好是主動出擊，先對他們擺出一付不是你死就是我活的架勢，不管是用暴力還是設下埋伏，都要把他們當成真正的

「敵人」。但是，這種態度並不像它看起來的那麼保險：在別人的面前表現敵意，無疑會增加他們變成敵人的可能性，而且還會失去贏得他們做朋友的機會，或是錯過他們起初準備獻上的友誼。

要以人的態度對待他人

我們來看看，在具有威脅性的同類面前，另一種可能的反應。奧勒留❷是位羅馬皇帝，同時也是一位哲學家——這多少有點奇怪，因為統治者通常都不會對那些不切實際的問題感興趣——他喜歡記下與自己內心的對話，有時甚至是建議或斥責。他常常會寫下這樣一些東西（我是根據記憶而不是查書，所以你不要追究字句是否完全一致）：「今天一起床，你就要想想這一天有可能遇見撒謊的人、搶劫的人、通姦者和殺人犯。記住，你要像對人一樣去對待他們，因為他們跟你一樣都是人，所以他們對你不可或缺，就像下顎對上顎一樣。」

在奧勒留看來，人最重要的不是他們的行為**在我眼中**是否適合，而是**從人的意**

義上來說「適合我嗎？」和「時刻牢記以人的態度對待他人」。不管有多邪惡，他們的人性都與我相同，而且對我有增強的作用。沒有他們，我也許還能活著，但會活得不再像人。我有一顆假牙，兩顆齲齒，但要吃東西一定得要下顎來幫助上顎……

正是這智慧、計算和行動能力上的相似，這激情和恐懼上的共通，使人類在有心做人時變得相當危險，同時又十分**有用**。當一個人「對我好」時，對我來說沒有什麼能比這更好，你知道這世上有什麼比「被愛」更好的嗎？當一個人想要金錢、權力、威望的時候，難道他沒發現這些財富，僅僅是「被愛」時能夠**免費**接收到的財富的一半嗎？如果還有另一個人像我一樣行事，那麼怎樣確保無論如何被愛的一定是我呢？怎樣確保我接收的愛都是像人一樣的愛？

一隻小蟲哪怕再親切，也不能像另一個人那樣跟我打交道；哪怕是一個不太友好的人，我也只是需要更加**小心**而已。這個「小心」，不是出於眼紅或惡意，而是像在搬運易碎物品、世界上最脆弱的物品時所應有的謹慎，因為他們不僅僅是「東西」；既然我們生活的這個世界中最美好的事物，是與其他人之間的尊重和友愛，而我也是其中之一，那麼跟他們在一起時，我也就應當負起保護他們這件最主要的任務——甚至如果你同意的話，我會說寵愛他們——即使在逃命的時候也不應該忘了它的重要性。

奧勒留是一位皇帝哲學家，他一點都不笨，他十分清楚你也知道的這個事實：有人搶劫，有人說謊，有人殺生。當然，我們不能為了跟他們相處就贊許這些行為，所以這裡有兩件事需要說明：

第一、無論一個人如何搶劫、撒謊、背叛、動武、殺人或對人施暴，他也不會因此而不能成為「人」。在這情況，語言容易有蒙蔽性，因為當他被貼上「不光彩」的標籤時（「這是個強盜」、「那人老愛撒謊」、「就像個殺人犯！」），我們很容易忘記他們總還是人，是做出不光彩行為的人；然而這些「竟然做出」如此卑鄙事的人，由於其仍然為人，其實還是可以重新改造回適合我們的、不可或缺的模樣。

第二、人類最主要的特徵之一，就是我們具有**模仿**的能力。我們的行為和動作，大部分都「抄」自其他人。所以我們是可教育的，我們都在不停地學習其他人在以前或別處獲得的成果。

在我們稱為「文明」和「文化」的事物中，發明是一小部分，模仿佔絕大多數。如果我們不是這樣「抄襲成性」，那麼每個人在每件事上就都必須從零做起。所以，在社會中樹立**榜樣**十分重要。可以肯定地說：大部分情況下，**人們對待我們的方式，就是別人對待他們的方式**。如果胡亂地分派敵意，哪怕不刻意聲張，也不可能得到敵意以外的回饋。不過我很清楚，無論一個人可以成為多麼好的榜樣，在其他人眼中，卻總是會有更多的壞例子可以模仿——為什麼要費勁去阻止和放棄壞蛋們就近提供的便利機會呢？奧勒留會這樣回答：增加已經在擴大的壞人數量（對他們不能抱什麼積極的希望），打擊居少數的好人（他們可以為你的好生活做出多少貢獻呀！），你覺得這麼做合適嗎？如果想收穫一種糧食，你難道不該播下它的種子嗎？雖然明知雜草會破壞你的收成，你是願意做那四處遊蕩的瘋子，還是願意展示和捍衛理智的優勢？

我們再來仔細研究一下，這些被稱作「壞人」（即那些用敵意而不是友誼去對待別人的人）所做的事。你肯定記得《科學怪人》❸這部電影，波利斯・卡洛夫主演的這個怪中之怪的作品，我們本打算一起看電視觀賞，但後來卻不得不把電視關掉。因為你還太小，你很誠實地對我說：「我覺得它開始讓我**特別**害怕了。」電影依據瑪麗・雪萊的小說改編，在小說中，這個用屍體拼湊起來的生物向業已後悔的創造者承認：「因為覺得自己很不幸，所以我成為一個壞人。」我想，世界上大部分被認為是「壞」的人，在誠懇的時候都會這樣說。如果他們用敵對和殘酷的方式對待他們的同類，那是因為他們感到害怕、孤獨，或者是缺少很多人擁有的必要之物——這就是不幸，慢慢你就會瞭解這一點。或者說，他們承受著所有不幸中最痛苦的一種——被大部分人不帶絲毫愛意和尊重地對待，就像弗蘭肯斯坦醫生手下那個可憐的科學怪人一樣，只有一個瞎子和一個小孩願意向他表示友誼。我從沒見過有誰真的做了壞事會感到很開心，或者真的會以殺人為樂，但卻有相當多的人，只為了讓自己心平氣和，就對自身周圍大量的苦難視而不見、聽而不聞——實際上，甚至可以說他也是其中某些苦難的幫兇之一。無知，儘管它可以讓人對自己很滿意，卻同樣也是一種不幸。

如何才能從他人獲得最大利益

現在我們要問了：如果一個人越感到快樂就越不想做壞人，從此著手去鞏固幸福、避免造成不幸和惡意傾向，難道不是好事一樁嗎？在他人的不幸補上一刀或是袖手旁觀的人，其實是心懷鬼胎，但願他們今後不要再去抱怨街上遊蕩的壞人太多！把同類當敵人（或犧牲品），短時間內可能是**有利**的，這世上多的是將別人的好意甚至不幸加以利用而自以為聰明的厚顏之徒。

坦白說，我並不覺得他們像自己吹噓的那樣精明。**我們從同伴身上能夠獲得的最大利益，不是來自於佔有更多的事物（或把更多的人當作工具一樣控制），而是來自於更多自由個體的關聯和友愛，亦即我的「人性」的拓展和加強**。「這能拿來做什麼用？」壞蛋們又要問了，以為自己快要達到精明的極致。這時你可以回答他：「照你那樣想，這沒有任何**用處**，只有**奴隸對你才**有用，但我們說過了，這裡談的是**自由人**。」壞蛋們的問題在於，他們不知道：自由沒有任何用處，也不在乎其是否「有用」，而只是努力去想辦法「散播」。可憐的人啊，不管他自以為手中的財富有多麼地多，他的思想就像一個奴隸！

這時壞蛋歎一口氣，開始有點發抖了，他提出一個小小的口號來：「如果我不利用別人，別人就會來利用我！」這是一個奴隸老鼠和自由獅子的問題（可別誤會，我對動物園裡這兩種生靈可是絕對尊重的）。第一個區別是：老鼠問：我將會發生什麼事？獅子問：我能做點什麼？第二個區別：老鼠強迫別人都來愛牠，這樣牠才能自愛；而獅子愛自己，所以牠有能力去愛別人。第三個區別：老鼠隨時準備好要跟別人對立，以防範別人可能與牠對立；而獅子則認為，對別人有利的事情，同樣會對自己有利。做老鼠還是做獅子，這是一個問題。對獅子來說，這個選擇毫無疑問——**當我想傷害別人時，受傷的第一個人一定是我**。我擁有的最珍貴之物，就是「用處不大」。

問題的解答已經拖得夠久了，現在我們終於到了可以直接回答的時候了（你可能會抱怨：太不直接了，兜了這麼多頁的圈子！）。像人一樣對人，究竟是怎麼一回事？答案是：**努力站在他人的位置上**。承認一個人是自己的同類，首先意味著從他的**內心**去理解他的可能性，意味著在某個時刻站在他的視角去看我們置身的這個世界。這種方式用在一隻蝙蝠或一株天竺葵身上，也許會顯得十分新鮮又奇怪，但對跟我一樣掌握符號的生物來說，卻是剛剛好。總之，只要我們跟某個人**說話**，我們做的事就是在建立一個範圍，在這個範圍中，「我」變成「你」，「你」也變成「我」。如果我們不承認兩人之間存在某種基本的一致（「我相對於另一個人而存在，另一個人相對於我而存在」的這種可能性），我們就不可能**交流**，哪怕只是一個字。而只要有交流，也就必然要承認：在某種程度上，我們屬於我們所面對的這個人，而他同樣也屬於我們——哪怕我年輕他年邁、我是男人她是女人、我的膚色白他的膚色黑、我傻笨如豬他聰明絕頂、我身體健康他身體不適、我富可敵國他窮到脫褲……一位古老的拉丁詩人這樣說道：「我是人，沒有任何**人性**的事與我無關。」換句話說，人性的自覺，就建立在意識到「我在某種程度上**屬於**我的同類」，儘管個體之間存在巨大和真實的差異。如果要舉例，我們可以從「話語」講起。

「話語」當然不只是為了跟人們說話。把自己放在別人的位置上，不僅僅是符號交流的開始，它還需要把「權利」考慮進去。如果權利缺席，那就要追究**原因**。這是所有人在其他人面前都有的權利，哪怕是最壞的人：他也有權——**人權**——要求別人站在他的位置上並理解他的行為和感受。全社會都必須承認和接受這一點，哪怕站在我們面前的是一個馬上就要接受法律制裁的人。總之，站在別人的位置上，就是把他**當一回事**，就像為你自己一樣去為他**充分**考慮。你還記得我們的老朋友凱恩嗎？或者格洛斯特？他們就是太把自己當回事，只想著自己的願望和野心，於是行事之間完全不把他人放在心上，彷彿他們根本就不存在，或者只是一些簡單的木偶或幻影。在與別人合作時發現有利可圖就加以利用，一旦發現他們派不上用場，就把別人一腳踹開或是殘忍地殺害。他們沒有動過一丁點兒心思「互換位置」，也毫不關心把個人利益和他人利益**相對**來看。你也知道他們最終的下場。

給予和接受人性的對待

我並不是說，為自己的**利益**考慮不好，也不是叫你放棄自己的利益去迎合別人的利益。你的利益和他們的利益，當然一樣值得尊重，但要注意一下「利益」這個詞本身，它是從拉丁語「人際事物」❹演化而來——意即存在於幾個人之間的事物，很自然地就會把幾個人聯繫起來。當我說把你的利益「相對」來看時，我希望它不僅僅是你一個人所有，就好像你是獨自生活在一個想像中的世界；正相反，你應當接觸其他像你自己一樣**真切**的現實。所以，你可以擁有的一切利益，都是相對的（由其他利益、形勢條件、身處其中的社會固定的法律和習慣而定），除了一項唯一**絕對**的：在人類中做人，要給予也要接受人性的對待，否則你就無法獲得好的生活。不管一件東西多麼吸引你，你只需仔細看看就會發現，沒有什麼會比站在對方角度看問題的能力更能吸引你，而這個「對方」，就是與你利益相關的人。要把你放在他的位置，就必須首先考慮他的理由，然後以各種方式投入他的激情和感受中，參與他的痛苦、嚮往和享受。換句話說，這就是對另一個人感到「**同情**」，或者「**同感**」，或者說有能力與另一個人在某種程度上達成共識，而不是從想法到意願上都把他放到一邊置之不理。我們應該承認，大家都是用同一種麵團——理念、感情和肉體——揉成的，或者借用莎士比亞更加美麗而深刻的表述：**我們每個人都是用現實與夢想交織而成的物質做成的**。但願人們都能意識到這一份相似。

認真對待另一個人，等於能夠站在他的位置、實實在在地承認他跟你自身一樣真實，但這並不是說，你必須總是認可他所要求的條件，或是他所做出的事情，也不是說，因為他跟你一樣真實和相似，所以就可以說服你去做同樣的事。喜劇作家蕭伯納❻常說：「不要總是向別人要求你希望他們讓你做的事：大家有不同的情趣。」毫無疑問，我們人類是相似的，而且不可否認，如果大家變得平等也挺不錯（比如，出生的機會和面對法律的機會），但實際上我們不是、也沒必要一定完全相同——那將會是多麼無聊和痛苦！**站在別人的角度**，**是為了努力像他那樣看問題**，希望**更客觀**，**而不是驅逐他**、**佔據他的位置**。或者說，他應該繼續做他，你則還是繼續做你。人類首要的一項權利，就是不做旁人的複製品，而是要做多少有點奇特的「怪人」。所以，誰也沒有權力為了自己的好處而強迫別人放棄其獨特之處，除非這份獨特會公開、直接地傷害別人。

我剛剛用了「權力」這個詞，而且好像之前也已用過，你知道這是為什麼嗎？因為「站在別人的位置上」這項艱難的藝術，很大程度是從遠古時起就與「公正」產生了緊密聯繫。但在這裡，我不僅指「公正」這個詞中所含有的**公**

共機制（即那些的法律、法官、律師等等），而是指「公正」這一**美德**，用我們每個人都應具有的靈敏和努力，（如果我們想好好活的話）去理解同類對我們的**期待**。法律和法官總是試圖強制性制定最細微的條件——人們有權對自己周圍的人提出要求。但這不過是許多個細微條件，僅此而已。很多時候，不管多麼**合法**，不管律令受到多大的尊重，或者沒有人能對我們開罰單、送我們去監獄，我們的行為，從本質上來說，依然是**不公正**的。

所有成文的規定，都不過是一個縮寫、一個簡化——常常都不完美。同類可以對**你**（而不是對國家或法官們）抱有具體的期待，但生活實在太過複雜微妙，人類個體千差萬別，情況複雜多變，有時又過於**糾纏難解**，無法把一切都載入法理教科書。就像沒有人能代你自由，也沒有人能代你公正，如果你自己沒有意識到要保持公正才能活得好的話。為了理解別人對你的期待，除了給他一份**愛**，沒有別的辦法，哪怕僅僅是出於同為人類的考慮；而這一個雖小但極其重要的愛，卻不能被任何一項制度性的法律條款強加在人身上。好好活著的人，應當具備一種「同情」的公正，或是公正的「同感」。

哎呀，我怎麼又說了這麼長一章！但我有個理由：這是所有篇章中最重要的一環。我想要對你說的倫理學的基礎，就在前面這幾頁中。我還要鼓起勇氣請求你：如果還沒到忍耐極限的話，在繼續下一章之前，最好回頭重讀一遍。也許你不想重讀，因為你實在已經受夠了。好吧，我得站在你的位置上替你想！

有一天，大概是正午時候，我正要去看我的船，忽然在海邊發現一個人的赤腳腳印，清清楚楚地印在沙灘上。我簡直嚇壞了。我呆呆地站在那裡，就像挨了一個青天霹靂，又像是活見了鬼。我側耳靜聽，又回頭四顧，可是什麼也聽不見，什麼也看不見。

——笛福，《魯賓遜漂流記》

與同類被「共同的命運」這一最強大的人際聯繫緊密結合在一起，自由人發現身邊總是有一種新視角，向所有的日常生活投射出愛的光芒。人類的生命是越過黑夜的長途跋涉，四周圍繞著不可見的敵人，被困倦和痛苦煎熬，朝著沒有幾個人能夠有幸達成的目標前行、而且即使到達也無法停留很久。在行進過程中，一個接著一個，同伴漸漸被無處不在的死亡的寂靜符咒所吞噬，很快從視線中消失，快得我們根本無法伸出援手；而那一瞬間就決定了他是幸福還是悲慘。多希望我們能用陽光撒滿他的小徑，用同情的香脂撫慰他的創傷，讓永不疲倦的愛給予純粹的歡樂、鼓勵脆弱的精神、在絕望的時刻送去希望。

——**羅素❼，《神祕主義和邏輯》**（*Mysticism and Logic and Other Essays*）

真實的生活就是一場相遇。

——**馬丁・布伯，《我與你》**

所有人都認為應當用「人性」的名號表彰「人是人的拯救者和安慰劑」，因為沒有什麼美德比這更出於人的本性：最大限度地減輕別人的痛苦，驅趕悲傷，追討生存的快樂，也即：享受。

——湯瑪斯・莫爾❽，《烏托邦》

注釋：

1 **魯賓遜・克盧索** 笛福（Daniel Defoe）所著《魯賓遜漂流記》的小說主角。後文「星期五」為魯賓遜在小島上遇到的一個土著。

2 **奧勒留（Marcus Aurelius，一二一至一八〇）** 著名的「帝王哲學家」，晚期斯多葛學派代表人物之一。出生於古羅馬帝國的顯赫家庭。自青年時代起即三度出任執政官，並在四十歲時成為擁有全權的皇帝。著有《沉思錄》（*Meditations*）。

3 **《科學怪人》** 根據瑪麗・雪萊（Mary Shelley，一七九七至一八五一）的著名小說《*Frankenstein*》改編而成的電影。瑪麗・雪萊在小說中描寫一位科學家弗蘭肯斯坦（Frankenstein）取得了科學的重大進展，他依照自己的形貌，用死屍拼湊成一個體型巨大的活體，最後造成可怕的後果。在二十世紀三〇年代，美國電影製片人以此故事為原型，創作了許多部著名恐怖片。

4 **人際事物（interesse）** Inter是「在……之間」，Esse是「存在，實體」。

5 **譯註**　作者在此用simpatía（同情）以及compasión（同感），simpatía為希臘語，compasión為拉丁語。

6 **蕭伯納（George Bernard Shaw 一八五六至一九五〇）**　愛爾蘭喜劇作家、文學評論家和社會主義宣傳家。一九二五年諾貝爾文學獎獲獎者。

7 **羅素（Bertrand Russell，一八七二至一九七〇）**　二十世紀影響深遠的思想家。他在數學和邏輯領域，對西方哲學產生了深刻影響。一九五〇年獲諾貝爾文學獎。

8 **湯瑪斯・莫爾（Sir Thomas More，一四七八至一五三五）**　人文主義者和政治家，曾任英格蘭大法官（一五二九至一五三五），因拒絕接受英王亨利八世為英國國教之首而被斬首。其代表作《烏托邦》（*Utopia*）於一五一六年十二月出版。

chapter

8

快樂是什麼？

我們不只是「擁有」一個身體，我們就「是」我們的身體，其中如果缺少了滿足和舒適，也就談不上「好生活」了。

如果非要讓我在生的痛苦和死的快樂之間做出選擇，我肯定會選前一個，因為我喜歡享受而不是受罪！

想像一下，如果有人告訴你，你的朋友張三或小花，因為在大街上做出「不道德行為」被逮捕了，你腦子裡出現的，肯定不是他闖了紅燈或撒了彌天大謊之類；也不會是趁著大都市裡常有的匆忙混亂順手牽走別人的錢包。最有可能發生的是：粗魯的張三，摸了眼前女人扭動的屁股一把；或者輕佻的小花，幾杯黃湯下肚後，堅持要向路人證明自己的身材完全不輸當今世上最大膽的名模。而如果某位值得尊敬的人（好像其他人不配被尊敬似的！），用一本正經的腔調向你宣佈：這部或那部電影「不道德」，你也明白，不是因為銀幕上出現了幾個殺人犯，或者電影主角們透過不正當的手段牟取私利……好了，不用我再舉例了，你完全清楚大家指的是什麼。

當人們談論「道德」（尤其是「不道德」）時，有百分之八十的可能——我敢肯定，我估計的這個數字還太過保守——他們要說教的東西其實指的是「性」。甚至有人認為，倫理學首要的問題，就是判斷人們拿生殖器做的事情。沒有比這更胡說八道的蠢話了，而且我想，無論之前你對我講的話投入的注意力有多麼少，現在你絕對不會心不在焉了。其實，性的問題不會比吃飯或散步更不道德，當然，可能會有人做得不道德（比如用性來傷害人），就像偷吃鄰居的漢堡，或利用散步製造恐怖襲擊；而且我也承認，由於性關係可以建立起人們相互之間非常強大的聯繫和複雜的情感，所以我們必須格外重視在這事情上應該恪守的**準則**。但是，我要很肯定地告訴你：如果能讓兩個人很享受同時又不傷害誰，這件事本身並沒什麼錯，真正錯的是那些認為享受有罪的人。我們不只是「擁有」一個身體，我們就「是」我們的身體，其中如果缺少了滿足和舒適，也就談不上「好生活」了。那些為自己身體具有享樂能力而感到羞恥的人，就像為背了乘法表而難為情一樣，實在是很蠢很笨。

毫無疑問，性很重要的一個功能就是**生殖**。怎麼跟你說呢，我的孩子，這是一個不能忽視的功用，因為它催生了具有相當倫理性的義務：如果你已經不記得的話，可以複習一下我前面所說的關於「**義務**是自由不可迴避的另一端」的問題。但性經驗不能僅限於繁殖的**功能**，在人類中，保證種族延續的自然機制，總是具有生物學所不能預料的發展空間，它被附加上符號、修飾、為這份自由而作的美麗創意——失去這一自由，人就不成其為人了。那些在性中只看到「壞」或者至少是「混亂」的人說，在這方面投入太多精力，會使人變得獸性大發——這是一種非常矛盾的論斷，事實上，恰恰正是動物才只把性當作繁殖的手段，就好像用食物填飽肚子或做運動保持健康；而人類則完全不同，我們發明了烹飪、田徑和情色。像鹿和海鯛一樣，性對於人類來說，同樣是繁殖的機制，但除此之外，它還會在人身上喚起其他情感，諸如詩歌、婚姻，這些就是鹿或海鯛所不知道的了（真說不清這是牠們的幸或不幸）。當性與簡單的繁殖分得越開，我們就離動物越遠、離人越近。這樣一來造成的影響，當然有好有壞，就像自由一樣。

享樂是件可怕的事嗎？

躲藏在「性不道德」這個頑固成見背後的，恰恰是人類最古老的社會恐懼之一：對享樂的害怕。而且由於性的快樂是所有體驗中最強烈和生動的，所以它才會被如此強烈的嫉妒和謹慎所包圍。為什麼享樂會這樣可怕呢？我猜是因為我們太喜歡它了吧。好幾世紀以來，每個社會總是在努力避免其成員熱衷於讓身體隨時處於亢奮，因此而忘記了工作、對未來的防範，或是對群體的保衛。事實上，從來沒有一種享受像性這樣，讓人對生活產生認同和快感，但如果沉迷其中忘了其他一切，同樣無法生存太久。人的存在，在各個時代都是一場危險的遊戲，無論是對幾千年前聚集在篝火四周的原始部落，還是對今天穿過馬路去買報紙的我們，殊無二致。快感有時會把我們**拉離**關注的重心，所造成的後果可能會非常嚴重，所以享樂從來都被當成禁忌並限制追求，必須小心地為自己辯護，只在某些時刻被允許。這就是社會的戒備（有時甚至已經不需要了但仍然保持著），以使人們不至於從生存的威脅中游離太遠。

另一方面，也有一些人在享受著「放棄享受」的快感。他們非常害怕自己無法抗拒快感的召喚，擔心如果哪天肉體真正得到放縱時會失去控制，於是他們變成打擊享樂的職業**誹謗家**：性是一回事，吃喝是另一回事，它們應該跟享樂劃清界限。實際上，任何一件事都可能不適合我們，或是被用來做壞事，但**沒有一件事的壞是因為它吸引你去做**。我們把那些針對享樂的職業誹謗家叫作「清教徒」。你知道那是什麼樣的人嗎？他們堅持某事為好的標誌是我們不想做它，相信煎熬總是比享受更具美德（事實上，與痛苦的煎熬相比，快樂的享受更是一種美德）。最糟糕的是：清教徒們相信，一個人艱難生活就是活得好，快樂度日就是活得不好。他們認為自己是世界上最有道德的人，也是旁人的道德監督與觀察家。你別把你的眼睛瞪得這麼大，我並沒有誇張，儘管我在日常生活中確實常愛誇張，但我要跟你說：**普通的不要臉，要比假正經的清教徒更高尚，更有道德**。他們的榜樣，一般都會是那個故事裡的女人——你還記得嗎？她打電話報警，說有幾個小孩在她家門前裸泳，員警趕走孩子，但那個女人打電話來說，他們又回來了（光著身子，總是光著身子），比剛才更加過分，並繼續做出不雅舉動。員警再次出動，但那女人還是打個沒完。「可是女士，」最後警官對她說，「我們都把他們趕到三里外了……」而那位清教徒，則帶著美德受到侵犯的義憤答道：「他們人是不在了，可是他們的影子仍然一個勁地在我眼前晃蕩！」

在我看來，清教主義可能是站在倫理學對面最強硬的一種態度。你不會從我口中聽到享樂的任何一句壞話，我也不會試圖用任何方式讓你因為追求肉體和精神的欲望而難堪，哪怕是一點點的害臊；相反的，我還準備堅定地向你重複一位法國大師——我要強烈推薦蒙田❶——的訓導：「我們應當握緊拳頭、咬緊牙關來挽留生命中對快樂的利用，因為歲月會將它們從我們手中一一搶走。」我想用蒙田這句話強調兩點：首先是這條建議的末尾——歲月不停削減我們享樂的可能，所以在「是否要好好過」這個問題上遲疑太久是不明智的。

如果一直舉棋不定，你將會從「好好度過」旁邊錯過。你必須學會完全投入欣賞當下，這是總結在羅馬人「每天都要有所收穫」這句俗語中的智慧。但這並不是說，你今天就要去尋找所有的快樂，而是要你去尋找**今天所有的快樂**。破壞眼前快樂最輕而易舉的辦法，就是無論何時都堅持要得到各種最不同、也最不容易得到的滿足。不要妄想用蠻力把那些無法附著的快感，硬塞進你活著的這一刻——還是為目前已有的一切做個知足的鬼臉吧。來，不要為了眼前的煎蛋已經冷掉就硬要換成一個漢堡，也不要僅僅因為沒有番茄醬就丟了才剛上桌的漢堡。記住，事情的可愛之處不在於蛋、漢堡或番茄醬，而在於**懂得**享受周遭的事物。

尋求快樂不是為了要逃避生活

我們再回到蒙田那句話的前半部分，「握緊拳頭、咬緊牙關來挽留生命中對快樂的利用」。運用快樂——或者說，要適切地控制它們，不讓它們破壞你個人生活中的其他部分——是件好事。回想一下，這本書的好多頁之前，講到以掃和刺激他的紅豆湯時，我們提過生活的**複雜**，以及為了好好活著不要把生活過度簡化。享樂是可愛的，但它總是有朝對立面演進的趨勢：如果你過分放縱地投入其中，可能就會以「享受生活」為由放棄一切，直至一無所有。像蒙田所說的那樣「利用」快樂，就是不允許任何一種快樂打消其他快樂的可能性，或者說，在生活這個龐大的舞臺上，每個人都有特定的角色和關係，不能讓其中任何一個完全避開你而演進。「利用」和「濫用」之間的區別就在這裡：當你去利用快樂，你便能豐富自己的生活，於是，不僅快樂，連同生活本身都會越來越令你著迷。相反的，如果你發現生活正被某種快樂搞得越來越悲慘，甚至除了它已經沒有什麼別的能吸引你，這就是你正在「濫用」快樂的警訊了。這時，快樂已經不再是你生活中一個可喜的部分，而是從生活中**逃離**的一個避難所，讓你躲藏其間，誹謗生活。

有時我們會說，我今天真是「高興得要死」，但這只是一種語言修辭，我們不用太認真地去反對它，因為強烈快感的良好功效之一，就是化解痛苦——由於生活中的單調、恐懼和瑣碎，我們必須舉著它前進，但往往我們承受的痛苦遠大過所能得到的保護。在褪去這層保護的時候，我們在「慣常的我們」這個意義上已經死了，但這樣做卻正是為了之後更加強大和充滿活力的重生。所以法國人，在這個議題上獨有建樹的專家們，把性的高潮叫作「小死亡」——一場小小的死亡經歷。這是為了活得更長更好而實現的一次超脫，讓我們更加感性甜美，或是充滿野獸般的激情。但另一方面，我們獲得的樂趣又要用「死」來形容：在這個詞的字面和無可迴避的意義上，說明它要麼「殺死」我們的健康和身體，要麼「殺死」人性和對他人的看重，把我們變得野蠻。

我不會反駁你所說世上確實有某些快感值得遊戲人生——但**人類的生存，總得有一點點超越於本能之上，不然就沒有什麼美好可言了**。從醫生或膽小鬼的角度來看，某些快感會**傷害**我們、隱含著**危險**。但從不太醫學的意義上說，它們還是值得尊敬和體貼可人的；但是，如果它們最大的魅力來自其造成的「傷害」和「危險」，你就要允許我質疑這些享樂。一方面你「高興得要死」，另一方面這份快樂又意味著死，或者至少是在朝著「死亡」前進。當一份快樂殺了你，或者像你希望的那樣「總是快要樂死你」，或者漸漸抹殺你生命中人的部分（允許你站在其他人位置上、讓你的存在變得十分複雜的東西），那它實際上就是喬裝成快樂的**懲罰**，是「死亡」這個敵人佈下的陰險陷阱。倫理學對「生命值得重視」投贊成票，甚至生活中的痛苦也都值得經歷，因為正是透過其中種種——我們可以獲得的快樂和悲傷總是緊密相連——才讓我們抵達命運的終點。所以，如果非要讓我在生的痛苦和死的快樂之間做出選擇，我肯定會選前一個，因為我喜歡享受而不是受罪！我不稀罕那些讓我達到**逃避**生活的快樂，相反的，我要把生活變得更加有趣。

生活中最大的獎賞

再來就是另一個大問題了：在生活中，什麼東西可以給予我們最大**趣味**？什麼是我們從努力、愛意、一句話、一首歌、一項知識、一台機器，或是從堆成山一樣高的錢、威望、光榮、權力、愛、倫理學或任何你想到的東西之中，可以得到的最高獎賞？我可以提醒你，答案非常簡單，簡單得幾乎會讓你失望：**我們從生活中所能得到的最大獎賞，就是快樂**。所有能將我們引向快樂的人與事，都有其理由（儘管不是絕對的，至少能找到一個角度這樣來看）；而一切將我們拖離快樂的，則都是錯誤的道路。快樂是什麼？它不是別的，它就是一個從我們內心深處自然生成、對生活抱持「是」的肯定，有時它幾乎會出乎我們的意料之外。這個「是」對於我們是什麼，或者更準確地說，我們「覺得」自己是什麼，都有積極正面的回答。接收到快樂的人，已經得到了最高獎勵，再也沒有別的盼望；而沒有獲得快樂的人，不管多麼聰明、漂亮、健康、富有、權威、聖明或者其他，都是缺少了生命中最重要部分的可憐人。事情就是這樣：當我們知道把享受用於真正的快樂，而不是去破壞、擾亂它時，它才是美好的、值得嚮往的。享受的消極對立面，不是痛苦，也不是死亡，而是快樂：一旦由於某種享受開始喪失快樂，我們肯定就是在享受不適合的東西。還有一點，我找不到更好的辦法解釋，不知道你能不能理解，那就是：快樂是一份包含享受和煎熬、生存與死亡的經驗，它絕對是同時**容納**享受和煎熬、生存與死亡。

我們從很早以前就把那種將享受用於快樂的藝術，或者說，懂得避免從有趣墜入無趣的美德，稱為「節制」。

這是自由人的一項基本技能，但時至今日已經不太流行，人們總是想用極端的禁慾和強制的**禁令**來替代它。努力用好可能會被用壞（即「濫用」）的東西，有些人甚至情願徹底放棄它而甘心當個機器人，甚至如果可能的話，他們更願意從外部就把快樂杜絕，以便他們的意志不用大費周折。他們不放心所有自己喜歡的東西，甚至更糟的是，他們認為自己會喜歡上那些他們不信任的東西：「但願不要讓我中大獎，不然我就會一直賭下去了！」「但願不要讓我嘗到一口鴉片，不然我就會變成癮君子！」……諸如此類。這種人的做法，就好像去買一台腹部按摩機，以免自己用力做仰臥起坐。人總是這樣，越是用力從事物中抽離，對它們的渴望就越是瘋狂，然後就會帶著不好的自我意識深陷其中，被最悲哀的享受——有負罪感的享受——所控制。可要想清楚了：如果一個人喜歡懷抱罪惡感，如果他認為某種程度上「犯罪」的享受是最純粹的享受，他強烈呼籲的其實是**懲罰**。在我們生活的這個世界上，充滿了所謂的「反叛者」，他們心裡唯一想要的，就是懲罰「自由」。他們希望在我們生活的這個世界或另一個世界，能有一股制約的力量，可以阻止他們單獨與他們的欲望待在一起。

與禁慾、禁令相反，節制則是與我們享受的事物建立聰明的友誼。如果誰跟你說「享受是自私的，因為你快樂的時候總有人在受苦」，你可以告訴他，盡可能幫助一個人脫離苦海確實是件好事，但是因為自己此刻沒有受到同樣的苦，或是因為自己享了別人想要的樂而感到內疚，同樣是一種病態。理解別人遭受的痛苦並努力予以調和，僅僅意味著你有這方面的能力；因為另一個人也可以享受，所以你不用為自己的享受而感到難為情。只有那種特別想把自己和別人的生活弄亂的人，才會認為個人的享受總是與別人**對立**。如果你碰到把所有享受視作骯髒和獸性、不敢順應自己欲望的人，我同意你把他們視為骯髒的人和獸性的人，這個問題已經很清楚了，不是嗎？好了，我們先歇一會兒，明天見。

惡習比美德更能糾正人。如果你遇到了一個壞人，就會對惡習深惡痛絕；但如果你接觸了一個好人，很快就會討厭所有的美德。

——湯尼・杜韋特，《邪惡入門》

節制隱含著愉悅，禁慾則不是。所以世界上的戒酒者總比享受者多。

——李契騰柏格，《格言集》

唯一名副其實的自由，乃是按照我們自己的道路去追求對我們有好處的自由，只要我們不試圖剝奪他人的這種自由，不試圖阻礙他們取得這種自由的努力。每個人是其自身健康的適當監護者，不論是身體健康，或者是智力的健康，或者是精神的健康。若彼此容忍各照自己所認為的樣子去生活，所獲得的會較多。

——約翰・穆勒❷，《論自由》

注釋：

1 **蒙田（Michel de Montaigne，一五三三至一五九二）** 法國作家。他的名作《隨筆集》（*Essais*）開創了隨筆式文學之先河，對法國文學產生了深遠影響。

2 **約翰・穆勒（John Stuart Mill，一八〇六至一八七三）** 英國哲學家、經濟學家、十九世紀變革時代傑出的政治評論家，也是邏輯學家和倫理學理論家。他的經典之作《論自由》（*On Liberty*），被認為是對十九世紀時維多利亞社會中彌漫著的強制性道德主義的反抗。

chapter

9

政治：替眾人謀好生活

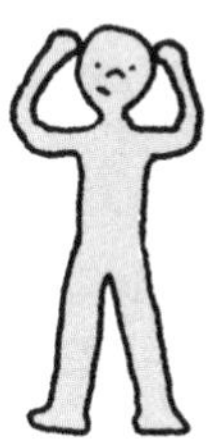

倫理學是選擇更適宜我們的，盡可能過得好；而政治則試圖最大限度地協調社會生活，讓每個人都能選擇適合自己的。

堅持在所有方面替所有人爭取完整的人權，仍然是倫理學無法迴避的唯一的政治任務。

到處都會有人跟你談論這個問題，所以我們也不得不在這裡說上幾句。「政治是一場鬧劇、一樁醜行，政客們都寡廉鮮恥！」難道這些話你沒有聽過千百萬遍嗎？在即將要登場的這些問題，第一條原則就是要記住：不要輕信那些認為自己負有神聖職責而對別人大肆批判的人，無論他們針對的是政客、女人、猶太人、醫生，或是整個人類。我們已經說過（但再重複一遍也不為過），倫理學不是向看不慣的人大量發射的投石器或軍火彈藥，也不可以泛泛地用在所有人身上，像是把甜甜圈擺成一排，用同樣的方式去對待。**倫理學唯一的目的是努力改進自身，而不是滔滔不絕地斥責旁人**；而且倫理學唯一確信的是，每個人——你、我、大家——都是手工製成，每一個跟每一個，都帶著充滿愛的差異。所以，如果有誰朝我們大吼大叫「所有那些……（政客、黑人、資本家、澳大利亞人、消防隊員或者任何人）都是些不講仁義的人！沒有一點道德！」你完全可以和顏悅色地回敬他們一句：「還是管好你自己吧，笨蛋。」

現在我們要問：為什麼政客的名聲會這麼差呢？其實在一個民主的政治體制中，我們每個人（直接或藉助別人的參與）都是政治人。政治家跟手持選票的我們非常相像，甚至可以說太像了，因為如果他們真的跟我們那麼不一樣——比其他人壞得多，或是異乎尋常的好——我們肯定也不會投票讓他代表我們進入政府任職；只有那些不是透過普選上臺的統治者們（例如獨裁者、宗教領袖或國王），才會將其威望建立在與普通人類之間的**區別**上；而也正由於他們的不同之處（力量、神性、家族或其他），他們才自認為有權發號施令，完全不必理會投票箱或聽取其民眾的意見。這樣確實可以保證「真正」的子民永遠追隨其後，「百姓」擁護的呼聲高漲，以致都不需要計算擁護者是很多還是相當多。與之相反，想透過選舉方式爭取到一定職位的人，則總是努力以「平民」的形象向大家（這個「大家」手中握著他實現統治夢想所需要的選票）推薦自己：我是跟你們一樣實實在在的「普通人」，擁有跟大家同樣的愛好、困惑，甚至還有小小的惡習。當然了，他們會拿出改善社會秩序的點子，自認為有能力把它們完全付諸實行，但鑒於每個人都會對這些點子進行思考和評判，所以他們也必須接受被人攆下臺的可能——如果沒有政績、沒有實現承諾，或是不像看上去那麼誠實。政客中有正直人士，也有厚顏無恥之徒，跟消防隊員、教授、裁縫、足球運動員……任何一個行業一樣，那麼他們的臭名昭彰又是從何而來呢？

首先，他們佔據著社會上特別**顯著**的地位，同時也是特權階層，而且或多或少比平常老百姓更容易濫用「曝光」的機會，他們的缺點也就顯得更公開。被大家認識、羨慕和敬畏，並不能為其帶來公平的對待，因為公平的社會，或者說民主社會，對居於普通大眾之上或之下的人並不友愛——他們想用石頭砸那些高高在上、又毫無顧忌踐踏下層的人。另一方面，政治家們則總是隨時準備許下比他們所能承擔或想承擔的更大更漂亮的諾言，而當我們要一個在選民面前不誇大未來、更強調困難而非幻想的人，他馬上就會變得形單影隻。我們騙自己相信政客們有超人的能力，然後又變臉、不原諒他們必然造成的失望；如果我們從一開始就不那麼相信他們，之後也就無需學習該如何質疑他們。總之，他們最好總是規規矩矩，稍微糊塗，甚至還可以有點呆，像你我一樣，這樣更容易讓我們可以不時譴責他們、控制和制止他們；因為如果他們老是自認有理，那事情就很難辦了——要想讓這些「完美長官」下臺，除了拿槍逼著，沒有別的辦法。

倫理學與政治的基本差別

現在還是讓政治先生們休息一下吧，他們要操心的事已經夠讓他們焦頭爛額，也實在是夠累的了。你和我現在要追究的問題是：倫理學與政治有沒有很大關係？它們如何發生聯繫？兩者的目的基本上相似——難道它們不都是想讓生活**過得好**嗎？倫理學是選擇更適宜我們的，盡可能過得好；而政治則試圖最大限度地協調社會生活，讓每個人都能選擇適合自己的。由於沒有一個人能夠孤立存在（我已經跟你說過，好生活的基礎是以**人的方式**對待我們的同類），任何一個會思索好生活中蘊涵倫理學意義的人，都不能高傲地對政治嗤之以鼻。否則就好像一心想在家裡舒舒服服地躺著，卻不管房子漏水、有老鼠、暖氣不足，甚至屋裡還有一堵被蛀空的、可能會在我們睡夢中倒塌的水泥牆……

儘管如此，倫理學和政治之間還是存在一些重大的差異。首要的就是：倫理學關注一**個人**（你、我或任何人）運用個人的自由所做的事；而政治則試圖以最有利的方式協調**大家**運用自己的自由去做事。在倫理學中，看重的是好的意圖，因為它本身就是一個人人隨心所欲，各行其是的過程（不是那種不情願卻落在頭上的事情，也不是憑藉強力發生）；而政治則正好相反，必須拿行動的**結果**來說話，不管採取什麼辦法，政客總是會用他手中可以行使的一切辦法（包括武力）來施加壓力，以避免一些結果而達成另一些結果。我們可以看一個小小的例子——對紅綠燈的尊重。從道德角度來看，積極態度是**想**遵守紅燈（

知道它的功能，同時站在別人的角度，考慮到如果我不守規則可能會對他人造成傷害等等）；但如果把這個問題放在政治角度來衡量，關鍵就是確保沒有人闖紅燈，不管原因是出於迴避罰款或是害怕坐牢。政治家覺得，所有遵守紅燈的人都一樣「好」，無論他是出於畏懼、習慣、迷信，還是出於應當遵守紅燈的理性認知；但對倫理學來說，真正值得提倡的只有最後一種，因為只有他們才更能夠領會自由的作用。總之有兩種情況存在：每個人的自問（不管別人如何，我想做個怎樣的人？）；以及政治要關注如何讓大多數人以和諧的方式「運轉」。這兩者之間有很大的差別。

有一個重要的細節：倫理不能**等著**政治來處理。如果有誰跟你說這個世界的政局亂得讓人喘不過氣來、比以往任何時候都要糟糕，在這種不公、暴力、畸形的社會裡，沒人能過上好日子（倫理意義上的）……，你根本不用理會他。這種論調，在每個時代都曾振振有詞地發出過，因為人類社會從沒像平常所說的那樣，曾經達到過「另一個世界」的美好景象——它總是一副「現世」的樣子，充滿缺陷、胡作非為、罪言惡行。但每個時代，又總會有人實現好的生活，或者至少是堅持爭取活得好。可以辦到的時候，他們同心協力改造輪到自己頭上的社會；不可能達成時，也會努力讓它不至於變得更糟。而在大部分情況下，這一目的都實現了。他們鬥爭——現在仍然在鬥爭——好讓用政治方式建立起來的人類關係繼續保持人性化（即更多公正，更少暴力），但從不期待周圍的一切變得完美無缺和充滿人性。他們希望率先過好的生活，做引領別人的人，而不是在後面追趕的人。也許條件限制他們只能過「相對」好的生活，比他們的預期會差一點，但那又怎樣呢？難道做個讓親者痛、仇者快的壞人是件明智的事嗎？如果你確定有很多食物都摻假或變質了，你會盡可能選擇去吃健康的食物（雖然明知這樣還是阻止不了市場上黑心食品的存在），還是會一口氣吞下毒素以符合大多數人的作法？沒有哪個政治團體會壞到其中任何一個成員都不存半點好心的地步，無論條件多麼不利，個人行為的最終責任，還是落在每個人自己手中，其他的都有不在犯罪現場的證明。同樣道理，幻想每個人都能因為環境不允許做壞事而**自動**變好，也即我們通常所說的烏托邦，做這種大夢的政治團體，無異於把頭藏在翅膀下的駝鳥。不管這世界上有多少「壞」，對**想**要「好」的人來說，「好」總是不會少的；同樣，不管我們公開樹立了多少「好」，「壞」也總在想做壞事的人手邊。你還記得嗎，在好幾章前，我們把這叫作「自由」。

怎樣才是好的政治組織

從倫理學的角度來看，也就是從是否適宜生活的角度來看，為了建立起需要非常努力才能得到和捍衛的秩序，怎樣才是理想的政治組織呢？如果你複習一下之前所有的討論、用心推敲，就會發現這個理想模式的某些方面了：

一、由於所有的倫理框架都是從「自由」出發，沒有它也就沒有值得過的「好生活」，理想的政治制度應當能最大限度地尊重（或最少限度地干預）人類自由的公共層面：聚集或分散的自由，表達言論、塑造美感的自由，根據個人能力、興趣選擇工作的自由，或是參與公共事務、在某地定居或搬遷、選擇自己肉體和精神享樂的自由等等。要杜絕獨裁，尤其是要杜絕那些號稱「為了我們好」（或是「為了共同利益」，其實都是一樣的性質）的政治制度。我們最大的利益——不論是個人的還是集體的——是自由。當然，一個承認自由應有的重要性的政權，也會咬住每個人行動和未行動的社會**責任**不放（我所說的「未行動」，是因為有時候漠然不動也是一種行動）。一般說來，當一個人越是對自己的善行或胡作非為不負責（比如說是「歷史造成的」、「傳統的束縛」、「身體的自然反應」、「被廣告宣傳慫恿」、「受到魔鬼唆使」之類的），他所能接收到的自由就越少。在一個沒有任何個體能夠負起完全責任的政治體制之中，統治者也不可能承擔得起，他們的行動僅僅是基於歷史的需要，或者是理智地執行國家命令。對於那些把所有人都當作環境的「犧牲者」甚或「肇事者」的政客，我們一定要加倍小心。

二、我們已經看到，好生活的基本原則是把人看作人來對待，即有能力把我們放到同類的位置上去，把我們與他們的利益對照來看並努力進行調和。如果你想換個說法，那就是，學著把別人的利益當成自己的，而把你的試想作別人的，這種美德就叫作「公正」——一個健全的政治體制，會透過法律和相關機構盡力加強社會成員之間的公正。假如在不得已的時候需要限制個體的自由，甚至有可能動用暴力，這時唯一的理由就是不再將他們視為同類對待，或者說將他們看作玩具、大型牲口、簡易工具、低等生物等等。一個人想要被同等對待的條件，無關其性別、膚色、想法、愛好上的差異，就叫作「尊嚴」。你要注意其中一個有趣的現象：儘管尊嚴是我們人類所共同擁有的，它卻恰恰是被用來辨認每個人獨一無二、不可重複的特性。一件物品可能被另一件改變、這個東西可以用類似或更好的那個東西替代，總而言之，事物各有其價值（錢常被便利地用來做這種交換，將所有東西用同一個標準衡量）。我們承認，有些東西，例如某些藝術品和大自然的特定條件，跟人類的生存條件聯繫得過於緊密，以至於無法被替代或購買，哪怕用盡全世界的黃金。現在我們先把它們放在一邊，只說**所有人**都有尊嚴而不是價格，即不能被取代，也不能只因為有利於其他人而被**折磨虐待**。我說的「不能被取代」，不是指他實現的功用（一個木匠可以接手另一個木匠的工作），而是他的人格，他實實在在的**個人存在**；「折磨虐待」則是說，哪怕以法律為依據進行懲戒或是樹立政敵，也不應遏止對方享有相應的看法和尊重，哪怕是戰爭，儘管它被視為對人類共同美好生活的最大侵害，我們也必須承認，有些行為的罪惡比起戰爭所代表的有組織犯罪還更重。人的尊嚴把我們變成同類，正是因為每個人都是獨一無二、不可替代的，都擁有被社會認同的平等權利。

三、生活經驗，讓我們每個人都切身體會到痛苦的現實，哪怕最幸運的人也不例外。認真對待別人、站在他人的位置上，不僅在於承認同類的尊嚴，同時也要求設身處地體會他人的痛苦和不幸，這些因為做錯事、意外事故或生理條件而產生的嚴峻考驗，也有可能成為我們的難題。諸如疾病、衰老、無法避免的虛弱、被拋棄、情緒和精神紊亂、失去至愛或最不可或缺的東西、來自強者或無恥之徒的威脅和猛烈攻擊……一個理想的政治組織，應當盡可能地保障苦難者，以及替那些出於各種原因無法自助的人發聲主張；但難就難在，不能用任何人的自由和尊嚴，來換取這種權力。有時國家會打著幫助弱勢的名義，把全體人民都當作弱勢團體來對待。若不幸把我們都交到別人手上，它就會增強集體的力量並凌駕個人之上；我們必須非常努力，因為這種力量只能用於協調匱乏和貧弱，而不是假借專橫的「同情」來麻醉自己以求得永存。

人權是倫理學無法迴避的政治任務

根據倫理學的理論，一個想過上好生活的人，也應該祝願人類的政治群體建立在自由、公正、人人都有發言權的基礎之上。現代民主在近幾個世紀一直試圖實現（首先從理論上，漸漸付諸實踐中）政治社會應當滿足的這些最低限度的要求，亦即所謂的人權；但令我們慚愧的是，它那長長的工作列表，直到如今，仍然只是一些美好的設想，而非達成的效果。堅持在所有方面（而不是某些方面）替所有人（而不是部分人）爭取完整的人權，仍然是倫理學無法迴避的唯一的政治任務，至於它是被貼上哪種標籤，無論右派、左派、中間派或其他什麼都好。你已經看出來了，我就是從這些如今看來已顯得有點老氣的術語中長大的。

在我看來，十分明顯的是，塞滿地球的五十億人（人口普查中這個數字還在不斷增加）今天面臨的很多問題，如果不以全球性的眼光和方式來對待，不僅不能解決，甚至不能得到應有的重視和規劃。比如饑荒問題，至今仍有數千萬人食不果腹，或是很多國家經濟不發達、教育落後；再比如，肆無忌憚壓迫人民、威脅鄰國的野蠻政權仍然存在，或者是發達國家將無數金錢、技術揮霍在軍備上，而對其國內的混亂與貧窮則視而不見。我相信，當今世界的政治分裂，最有可能造成的後果只有一件事：加劇這些弊病，破壞可能的解決方式。另一個例子則是軍國主義，把可以用於紓解世界緊缺的大量資源狂熱地用於軍備，越來越常發動侵略戰爭（用「壓迫別人」取代「努力站在他人角度設想」的不朽藝術）。你覺得，除了用強大力量在世界建立一個政治組織之外，還有什麼辦法能夠勸阻任何集團放棄打點小仗的癖好？

最後我要說的是，之前我就已經講過，有些東西不能被取代，我們生活在其中的這個「東西」——地球，如果被我們出於牟利的熱衷或是愚蠢而摧毀，不會有現成的替代品，更不可能買到另一個地球。這樣說吧，**地球不是一塊塊土**

地補綴起來的破大衣，要保持她的宜居和美麗，是一項只有人類把全球性視為一個整體才能承擔起來的任務，絕非一些人對抗另一些人的投機或短視行為所能解決。

我的意思就是：只要有利於人類組織、能夠幫助其歸屬於全人類而非零散部落，從政治原則上看就值得研究。生命形式的多樣性是人類本質的一個特點（想像一下，如果沒有它，這個世界會變得多麼無聊！），但一定要有一些共容的基本原則，讓某些問題聚集起所有的力量，如果不是這樣，我們所能得到的，將不是文化的多樣，而是罪行的多樣。所以我要跟你說，我**厭惡**一些人肆無忌憚地向另一些人拋出的條款：種族主義，把人分成一、二、三等的偽科學幻想；狂熱的民族主義，叫囂個人一文不值，民族共同的身份高於一切；玄之又玄的思想體系（宗教或世俗的），無法調和觀念之間的腹誹和舌戰，因為它們都要求所有人相信和遵從其宣揚的真理而不問其他。但現在我不想啟發你政治中的紛爭，也不打算向你灌輸我在各種問題上的觀點，尤其是在神性和人性方面。在這最後一章，我只嘗試為你指出政治要求的存在，沒有任何一個想要好好生活的人，可以避開其束縛。其他的我們以後再說，它們都在我寫給你的另一本書中。

居住在這個星球上的不是人而是人類；多樣性是地球的遊戲規則。

——漢娜・鄂蘭❶，《心智生命》（*The Life of the Mind*）

如果我發現什麼會對我有用但對我的家庭有害，我一定會把它逐出頭腦外。如果我發現什麼會對我的家庭有用而對祖國無益，我也會盡力忘記。如果我發現什麼會有利於祖國卻與歐洲利益相左，或者有利於歐洲卻損害人類，我會把它當成罪惡，因為我成為法國人只是偶然，成為人卻是必然。

——孟德斯鳩❷

哪怕各國想要規規矩矩地遵守簽訂的條款，可惜的是，因宗教誓約將其完全背棄的習慣已經形成了——彷彿由一條河、一座山那樣細微的空間差別隔開的兩個國家，不具有建立在大自然基礎上的社會聯繫似的——這種舉動讓人們以為自己與對方生來便是對手或仇敵，除非明文規定、否則必然相互詆毀攻伐……情況恰恰相反，如果一個人沒有造成真正的傷害，則根本不應當被視為敵人。天然的集群是最好的條約，人在其中能更加親密，比條約規定的還要強烈地聯繫在一起互相示好，比語言表達更加深刻地從心底關切。

——湯瑪斯·莫爾，《烏托邦》

注釋：

1 **漢娜・鄂蘭**（Hannah Arendt，**一九〇六至一九七五**）　德國出生的美國政治學家和哲學家，以其關於猶太事務的批判性著作及對極權主義的研究著稱。

2 **孟德斯鳩**（Montesquieu，**一六八九至一七五五**）　十八世紀法國政治哲學家，是西方國家學說和法學理論的奠基人。一七四八年他寫成《法意》（*De l'esprit des lois*）這本著作，其中最重要的觀點是對政體的分類以及三權分立說。該書堪與亞里斯多德的《政治學》（*Politica*）媲美，成為政治理論史和法學史上一巨著。

後記　你應該自己好好琢磨

好了，到此為止，雖然歷經艱難，但我主要想說的在這裡都已說完了。我說的「主要」是我現在能告訴你的；一些更「主要」的東西你應該從其他人身上學習，或者最好是你自己獨自學習和思考。我不希望你把這本書太當真，一點也不用！事實上，它連一本倫理學入門書都算不上——當代著名哲學家維根斯坦❶說得有道理：寫一本「真正」講倫理的書是不可能的，它會像一次爆炸，消滅世界上所有其他的書——而你現在讀著我的這本小書，直到這最後幾頁也沒有聽到任何具有顛覆性的爆炸雷鳴，我所深愛的那些老書（包括之前引用的維根斯坦那本），幸運地依舊安然地立在圖書館的書架上。看來我身中的魔法還沒有消除，因為倫理書對我念過咒語：「你，安靜點！」還有很多比我優秀的人都做過種種努力，結果也沒能讓其他文字退出舞臺，不過你努力多瞭解一些總不會錯，比如亞里斯多德、斯賓諾莎、康德❷、尼采❸……儘管我想讓這場談話盡可能地輕鬆有趣而不做過多引用，但我確信，前面這麼多頁所能帶來的收穫，都來自於他們，而我，則不過是說了一些作為一個父親所能說給自己孩子聽的傻話罷了（對不起其他身為人父的讀者們，我不是影射你們）。

所以說，你絕不用太過認真地看待這本書。首先，在我看來，「嚴肅性」並不像有些笨蛋以為的那樣，是智慧的標誌，真正的聰明是要知道如何**笑**。你最好不要忽略這個題目，你應該盡你一生所能努力地去參透，如果這都不能吸引你，那我真不知道還有什麼能讓你感興趣的了。如何才能以盡可能最好的方式生活？這個疑問比其他任何張牙舞爪的問題都更加充實廣博。生活有意義嗎？活著值得嗎？死後還有另一個世界嗎？你看，生活有而且僅有的唯一意義就是：朝前發展，沒有輾轉，不可重複，不可修正。所以，一個人應當追問自己想要的，專注自己手上所做的，然後在失敗面前永遠保持熱情，因為運氣也很調皮，不會讓任何人在所有情況下都得到他想要的東西。而生活的意義究竟是什麼呢？首先，努力不犯錯；接著，努力犯錯而不被打倒。至於活著是否值得，我來告訴你山謬・巴特勒[4]的一句話，這位幽默的英國作家曾這樣評論過這個問題：「這是一個應當對胚胎提出的問題，而不是對人。」不管你選擇用什麼標準來評判生活是否值得一過，你比較的必然是你已身在其中的「這一生」，甚至哪怕是你拒絕生活，你所藉助的，仍然是在「這一生」中所學到的生活觀、理念或幻想，這就是生之所值，這同樣適用那些下結論說人生不值得過的人。所以，我們不如自問「死是否值得」、「死是否有意義」，這或許會更有價值一些，因為這個「是否」我們毫無所知，而我們所有的知識和價值都來自於生命。在我看來，符合倫理精神的教義，都是從生出發，並且旨在強化它，使其更加豐富。我還想斗膽走得更遠一些，反正現在也沒人聽我說了：只有**對死亡感到積極反感**的人，才是好的人。注意，我說的是「反感」，而不是「害怕」，在害怕中總會帶有些微的敬畏和無限的屈服，但我覺得死亡當不起這份待遇。再說，「死後還有靈魂嗎？」我不相信任何透過死亡才能獲得的東西，無論是接受它、利用它或是與它握手，不管是為了這輩子的光榮或是下輩子的永存。

現在剩下的問題就是：如何活得更好？在前面所有的章節中我一直沒有直接回答，以便幫你更深入地去理解它。答案必須由你自己去找，原因有三：

一、因為你的臨時老師不合格，或者說，我不能勝任。如果自己都只過得馬馬虎虎，又怎麼有資格去教別人活得「好」呢？這是一件無法完成的任務。

二、因為生活不是一門像數學那樣精確的科學，而是一門像音樂一樣的藝術，我們可以學習一些規則、聽大作曲家的作品，但如果沒有鑒賞的耳朵來數節奏、辨音色，學習和傾聽並沒有什麼用。生活的藝術也是一樣，可以學習的部分只為有資質的人而準備，但對天生「失聰者」而言，這只會讓他感到無聊，為他造成很多不必要的麻煩，當然，在這方面，大多數聾子都是**自願**的。

三、好生活不是普遍性、大規模生產的，而是「量身訂做」的，每個人都應根據自己的個性（獨一無二、無法複製又脆弱的個性）去加以創造。在「過好生活」的問題上，訓誡和先例可以幫忙，但絕不能代替我們自己。

生活不像藥，可以詳細開具藥物的禁忌和用量；我們被賦予的生命沒有處方、沒有配量，倫理學並不能完全補足這個缺陷，因為它不過是對歷來人們為了調和生命所做過的種種努力的紀錄。剛剛過世不久的法國作家喬治・培瑞克❺曾寫過一本書，書名就叫《生活使用指南》，但這是一句幽默睿智的玩笑話，而不是一個倫理學系統，所以我放棄用具體問題的解決指南來教導你，比如爭論該不該墮胎、該不該避孕、該不該實行強制兵役，該不該這個那個；我甚至都沒敢用遺憾或憤怒的口氣評價這個世界的「壞」現象（有多少自詡為「道德家」的人慣常做這事！）：消費主義，啊！不團結，呃！功利主義！哦！暴力，嗚！道德危機，啊！呃！哦！嗚……！對這些或另一些，我自有我的看法，但我並不是「倫理」本身，我只是你父親，倫理能藉助我向你傳達的只有：**自己去尋找，思索，自由自在，不存壞心，一切負責任**。我已盡力向你展示了走路的方式，但無論是我還是其他任何人，都無權把你扛在肩上前進。

那麼現在，還需要我給你一個最後的建議嗎？**如果要做出選擇，記住，一定要選那些允許你之後有更多可能性的路，而不是帶你走入死胡同的那一條。要選那些向你開放的路：別的人、新的經驗、各式各樣的快樂，同時避開那些可能會將你關閉和埋葬的選項**。除此之外，祝你好運吧！還有，記住那個在夢中讓你懼怕萬分的颶風中我對你的呼喊：**要有信心！**

注釋：

1 **維根斯坦**（Ludwig Wittgenstein，**一八八九至一九五一**） 二十世紀英語世界中哲學界的主要人物。

2 **康德**（Immanuel Kant，**一七二四至一八〇四**） 啟蒙運動重要的思想家。其哲學結合了理性主義和經驗主義的新思潮，開創了哲學思想發展的新時代。

3 **尼采**（Friedrich Nietzsche，**一八四四至一九〇〇**） 十九世紀德國哲學家和作家，最有影響的現代思想家之一。其提出的「上帝已死」論，曾帶給許多大思想家、文學家甚至藝術家極大的衝擊。尼采不僅深深影響了後來的存在主義，他的影響所及還到解構主義、後現代主義、解釋學等。

4 **山謬・巴特勒**（Samuel Butler，**一八三五至一九〇二**） 英國作家，著名作品有《埃瑞洪》（*Erewhon*），書名是英文「烏有鄉」（nowhere）的倒寫。和書名一樣，書中的埃瑞洪社會也是顛倒過來的英國社會，這部作品被普遍認為是繼《格列佛遊記》以後最重要的諷刺作品。

5 **喬治・培瑞克（Georges Perèc，一九三六至一九八二）**　二十世紀法國最著名的作家之一，作品注重文學的實驗性，擅長文字遊戲和形式創新。

再見，讀者朋友，儘量不要讓你的生活充滿仇恨與恐懼。

附錄　寫在十年之後：迎向新千禧年

現在，距離我寫完你剛剛翻完的這本小書（你們真的讀完了，對嗎？非常感謝！）已經過了將近十年，阿瑪多都滿二十五歲了——這一切真像場夢，真討厭孩子們用成長當藉口把一個人變老——我現在都不敢再給他什麼道德的建議了，哪種都不行；他已經和我一樣能夠分辨哪些事情重要，甚至可能對當今社會最重要的東西知道得比我還要多。也許有一天輪到他來為我寫一本書，肯定會好過我這本老掉牙的像封長信的簡陋小書。我說「像封長信」，是因為這些文字確實不是寫給他一個人的信，我並不只是對他說（他已經忍耐我很久了！），也是為你而寫——讀者朋友，現在不過十五歲、十八歲的你，或是這十餘年裡很多像你這樣我沒有直接認識但卻有幸接觸到的年輕人；為了心存希望和疑問的你，想要享受生活同時又追求公正、不畏思考、對人類前行道路抱有好奇心的你；為了勇於冒險的你，因為做一個理性而堅定的人，是我們活著唯一值得去做的冒險。

所以，當足夠長（或許已經太長，唉！）的一段時間過去，阿瑪多獨立自主無師自通地玩起生活的紙牌遊戲，我終於可以直接只跟你交談，可你還願意再聽我多說兩句、再多與我待上一會兒嗎？

我猜，跟所有人一樣，你聽得更多的是關於新千禧年的話題——你想想，新的一千年，帶著新的威脅和希望就這樣來了！也許你還會問，有沒有《新千年倫理》這樣一本書？它當然深深吸引著你，因為你終歸要在它的懷抱中度過你的大半生（相反，有些人就只能過上一小段，像一次小小的參觀，我這輩人是二十世紀的倖存者）；問題在於：過去的世紀，對正在展開的新世紀有意義嗎？現在的事情，尤其是以後的，不是會跟從前太不相同、太難以想像了嗎？

既然一切都說明我們應當用另一種方式來生活，難道我們不該開始用另一種方式來思考嗎？為了盡量照顧到這些問題，我決定再添上這最後幾頁。

首先要說的是，我不認為新世紀或新千禧年的改變值得我們太過擔心，這兩者都不會影響如你我這般普通人的真實生活，因為我們很難活過百歲，更不用說千年了。對我們來說，即便是最重要的事情，也只能為我們帶來幾天、幾小時甚至幾分鐘的快樂或痛苦，歡笑或歎息都在永不停歇的時間長河中稍縱即逝。而且，日曆上區區幾個數字又算得了什麼呢？管它是九、〇還是十，日期對正在流淌的時光無法撼動分毫，相反的，是正在發生的事情，使得我們的日子變得特殊，促使我們在歷史上將它們加以標注。一六一六年的不同之處在於，它是賽萬提斯和莎士比亞逝世的那年，而不是因為這個數字本身有什麼特殊之處，更不是因為這個數字有什麼錯，讓兩位文學巨匠死在一起。

總之，紀年就像書上的頁碼，每一頁的數字並不會決定那一頁的內容（男主角可以在第四十頁吻了女主角，也可以在第一百零三頁），而只是在目錄中告知章節的位置，這個順序與情節的敘述毫無關係；所以日曆可以從一九九九翻到二〇〇〇，從二〇〇〇翻到二〇〇一，我們並不會因為它們的改變，就遇到什麼好事或壞事，這些東西，只有賣紀念品和T恤的小販，或是懼怕「千禧蟲」病毒破壞電腦程式的電腦工程師，才會拿來大做文章。

我看你皺起了眉頭，好像想提什麼反對意見：難道人類生活不是一年一年在發生變化嗎？比如半個世紀前還沒有電視、光碟、網路、信用卡、愛滋病、太空旅行或其他很多東西；儘管這些轉變跟日曆無關，可是在思考如何活得更好時，難道不會對我們有影響嗎？是的，你說的有道理，不過還不是**全部**的道理。在開始分辨這些無可否認的變化在哪些程度上重要時，我們先回憶一下沒有改變的東西——我先給你講一個小故事，一個你可能已經聽過的中國故事。

古時候在中國有一位王子，他在父皇去世後繼承了皇位，他有一個一般統治者都不太會有的高尚理想：絕對公平、造福百姓。為此，他決定詳盡地統計自己國家的歷史、地理、風俗、信仰、自然資源、心理學和社會學等方面最新的科學研究成果、技術進步等等，不一而足。總之，他想要完全瞭解自己過去和現在的臣民們是如何生活的，以便今後可以更妥善地統治他們。於是他就下令，把國中最負盛名的飽學之士都召到宮中，讓他們作一份百科全書式的完整彙編，來解答所有的疑惑。專家們立即投入事無巨細的整理工作，一天天、一月月、一年年，很快就過去了。

十年後，編纂的學者朝見皇帝，將研究成果化作三十卷、數萬頁紙抬入大殿。誰知道，在浩繁政務中忙得疲憊不堪的皇帝，對如此龐大的書目早已失去了耐心：「我沒有時間讀這麼多東西，你們再去作一個更精簡的版本。快快退下吧，我還有一堆政務要辦！」學者們遵令退下，立即進行改編。一番討論修改之後，十年又過去了。可是，最後呈上的十五卷，卻又碰上皇帝忙於平息北方戰亂和東方鄰國在邊境的挑釁，同時還面臨南方大洪水的賑災重建，「你們要我從哪裡擠出時間來學這些書裡的話呢？快，替我準備一個可實行的概要，別弄什麼無謂的細節！」學者們心中暗自叫苦，但仍依命退下，付出艱巨的努力把所有的智慧傾注到字斟句酌的唯一一卷中。糟糕的是，這一提煉又花去他們十年，等到他們勝利回朝時，皇帝已在病榻上奄奄一息。現在不是急切衝進去報告的時候，也許把書呈上皇帝的案頭要更合適，但他們又不願讓工作功虧一簣，於是就派出一個代表，走到床前，附在皇帝耳邊說出這關鍵的一句話：

人，生而愛、恨，終於一死。

可是，難道在任何國家、文化、時代不都是這樣嗎？真的得有很多特別的原因，才能開啟通往美好生活的永恆之路嗎？這個故事的道理在於，不要期待每個新的季節或新的世紀（我還要說，哪怕每個千禧年）可以開啟美好生活，能為我們帶來根本性的變化，並改變倫理學思考的基礎。當然，原則是一回事，它在每個歷史時期的具體運用又是另外一回事，在這個意義上，確實應當重視那些正在發生的變化——而且是相當快速的變化！不說遠的，就在我們這個時代，最後一章裡我還對你說，我們生活在一個五十億人口居住的世界，也許你已經知道了，幾週之前，聯合國祕書長嚴肅地宣佈了另一個數據：地球第六十億人口的降生。所以我講的那些關於「大選」的問題，已經變得更加緊急和嚴峻。

人類以相互關聯的三種形式存在著：作為個人、作為社會、作為生物。多少世紀以來，一直都是社會為重（小組、部落、社區、國家），個人為輕——至今還有一些集體主義者，妄想回到那個遙遠的年代。幾個世紀之前，個人開始變得越來越重要，推動社會發生改革，要求社會對所有人更加民主開放，因為沒有人願意自己只是成為社會機器上的一個小小的齒輪——不管被上了多少潤滑油。而我們這個世紀的特徵則恰恰是（如果我沒弄錯的話，下個世紀將會更甚），意識到我們屬於同一個族群，人類作為一個整體應當努力解救所有人，否則我們所有人都會死，一個接著一個。談到「人類族群」，或者說「人這種生物」，並不只是一個純生物的概念（比如我們對其他動植物進行分類的時候），而是指向一個共同的計畫，一種從基本的感情因素來理解人性的方式，這可以等同於下面這句話：「人一旦不理解同類，就不能得到理解。」一位拉丁作家曾說過：「我是人，沒有任何人性的事與我無關。」或者也可以說，在人類最好的一面與最壞的一面之間，可以存在各種不同的欣賞方式和價值判斷，但絕不會是冷淡漠然，因為別人的人性也涉及我的人性。

我們不用欺騙自己：像這樣生活，一點都不舒服，尤其是，如果我們想比甜言蜜語的幻想走得更遠的話。熱愛抽象的人性非常困難，特別是如果有人想藉此使自己顯得崇高的話；但更難做到的是，尊重各種具體的人，哪怕他是個大怪咖、從很遠的地方來、講著不同的語言、抱有另一種信仰，就像現在很多大城市裡常常可以見到的那樣。尊重同類是淺顯易行的，因為這在某種程度上就是尊重我們自己，但尊重**差異**就複雜多了，像在面對外鄉人或外國人時。人是社會動物，總是喜歡生活在群體中，而且是同類之中，因為這樣就好像四周都是鏡子，我們望出去總能看見相同的臉、說著同樣的語言、吃著同樣的食物、為同樣的事微笑或哭泣；但很快就會有新人加入我們的隊伍，他們的氣味、他們的膚色、他們說話的方式和說的話與我們是那麼不同，於是我們中間的守舊派就會因為受到驚嚇、感到威脅、覺得被侵犯，而變得危險和富有攻擊性。

由於我們不只是數量越來越多，同時旅行和溝通也變得越來越容易，因而，群體或部落中的「外人」也就不停地在增長，如果你在大城市生活，肯定早已注意到了這一點，或者如果你在一個正常的學校學習——正常的地方不會排擠隔離任何人來保持不人性的「群體純潔」——如果你座位旁邊有一張不那麼像鏡子的臉，長相跟你完全不同，並且可能一開始會替你和大家造成困擾，這時你跟大家已經有一個共同點了：感覺並知道身邊的人跟你們是不同的。假如你控制好自己的「群體本能」而不聽從潛伏在內心的無謂念叨，很快就會發現，你正與這個外人分享著比區別你們的差異更多的共同點——你會看到你們在根本性上的相似之處，他或她跟你一樣出生、愛、鬥爭，知道終有一死，也跟你一樣需要交談和理解，需要支援和認可。

現在我想起《辛普森家庭》（美國著名動畫影集）裡面的一幕，一家之長荷馬參觀瘋人院，看見一個非常奇怪的人，全身長毛，狂暴兇狠。醫生們告訴他，從來沒人聽他講過一句人話。結果荷馬一打招呼：「你好！」大怪物竟也從嘴裡嘟囔出一句「你好」。醫生們愣住了，全都驚奇地圍過來讚歎奇蹟，而大家以為的怪獸則申訴著：「終於有人對我問好了！」大部分時候，一個人令別人難以理解，不是因為別的，只是他懶得讓人一下子看透。

在西班牙語中，「huésped」一字有兩個明顯矛盾的意思：住進別人家裡的房客，和接受別人入住的屋主。這個讓人有點糊塗的雙關字，也許恰恰包含了一個有關人類基本特質的深刻真理，因為**我們每一個人既是借住在別人家中的外人，同時也是歡迎並需費心招待來客的主人**。從出生開始——別忘了，「出生就是來到一個陌生的國度」，一位古希臘人曾經這樣說過——我們就依賴於別人願意給予的熱情和善意，沒有它，我們的生命將無以為繼，但很快我們也會變成有義務照顧其他到來者的人，讓另一些人盡可能地過得舒適。

不要問誰有權來要求你的這份好客，只需記住你自己就曾需要過、得到過——如果沒有得到，至少也要記住你曾想要得到。所以，對待像你一樣想有所得的人，一定要體諒他們會有和你一樣的熱望，一定要用你希望被對待的方

式，而不是實際被對待的方式去對待別人。其實，我們所有人都是這個星球的外來移民，所以從媽媽肚子裡第一次鑽出來的小傢伙，並不比從別的國家來的人更親更近。誰更像你，是可以自稱是你同類甚至兄弟的人？還是從不知道什麼地方冒出來的人？也許我們一直以來談論的倫理學習，可以總結成「尊重不成文的好客之道」：**在所有的時間和空間，友好地對待任何有需要的人——他也正因此與我們相像——才是真正的人性。由於我們不知自身從何而來，那就對所有不知從何而來的同胞們擠擠眼睛認個親吧！**剛才讚揚了西班牙語「huésped」對雙重含義的運用，現在我們再來向英語鞠躬。它用「You are welcome.」來回應「謝謝」，這是一種多麼美麗的表達！從字面上看正是：你是受歡迎的。

但是，好客的責任還有更多。**好的房客或屋主，不僅會對同類友愛，還會盡最大努力愛惜和保護他們借住或借出的家，這個所有人的家，正是我們居住的**

地球（儘管也許你自己或你的兒子們，誰知道呢，將有機會站在太陽系這座大廈的另一層！），至少目前我們在整個宇宙還沒有別的家園，只能安於這個早已住慣的樸素的三等星球。如果我們製造了致命的污染或枯竭了資源，我們又能從哪裡為它找到替代品呢？

幾個世紀之前，當人類的數量還沒有這麼龐大，所需的天然能源也沒有這麼多的時候，我們可以把水、樹木、礦物當成取之不盡的，但時至今日，這已成為一種不能被允許的奢侈，因為世界經濟在三個星期內的產能，相當於我們的祖輩們一年的勞動成果。這樣一來，不可再生的資源就對我們的道德限度提出了挑戰。首先是不公平：已開發國家的消耗量和污染量百倍於所有其他國家；然後再想想我們的子孫後代，對他們，我們負有為未來房客預先承擔的義務和責任。所以，如果要正確地闡釋，也就是「倫理地」解讀，我們所有人都乘坐在一艘星際旅行的飛船上，而倫理學就是正確駕駛這艘飛船的方向盤，哪怕一開始飛起來只是兜圈子。

還有什麼呢？時間已經到了，只剩下跟你說再見了。希望你不要指望救贖的奇蹟或新世紀、新千禧年，因為沒有什麼日曆能為人類生活帶來真正的更新，**我們（你們）只能相信我們（你們）自己和我們（你們）的同類，相信我們（你們）只要心想就一定能夠事成。別忘了帶上自己的頭腦**。其他的，就像我的墨西哥友人愛說的那樣，「祝你過得美滋滋」。

對與錯的人生邏輯課
Ética para Amador

作　　者　費南多・薩巴特
譯　　者　于施洋
美術設計　木子花
內文構成　黃雅藍
業務統籌　郭其彬
行銷企劃　駱漢琦
責任編輯　楊立儂，何維民
總 編 輯　李亞南

發 行 人　蘇拾平
出　　版　漫遊者文化事業股份有限公司
地　　址　台灣台北市105松山區復興北路331號4樓
電　　話　（02）27152022
傳　　真　（02）27152021
讀者服務信箱　service@azothbooks.com
漫遊者臉書　www.facebook.com/azothbooks.read

發　　行　大雁出版基地
地　　址　台北市10544松山區復興北路333號11樓之4
劃撥帳號　50022001
戶　　名　漫遊者文化事業股份有限公司

初版一刷　2010年3月
初版十二刷　2019年4月
定　　價　台幣260元
I S B N　978-986-6272-03-5

國家圖書館出版品預行編目資料

對與錯的人生邏輯課／費南多・薩巴特（Fernando Savater）著；于施洋譯. --初版. --臺北市：漫遊者文化出版：大雁出版基地發行, 2010.03　240面；15x21公分
譯自：Ética para Amador

ISBN 978-986-6272-03-5（平裝）

1. 倫理學

190　　99001943